智慧时代
公共图书馆
阅读推广
要素研究

ZHI HUI SHI DAI
GONG GONG TU SHU GUAN
YUE DU TUI GUANG
YAO SU YAN JIU

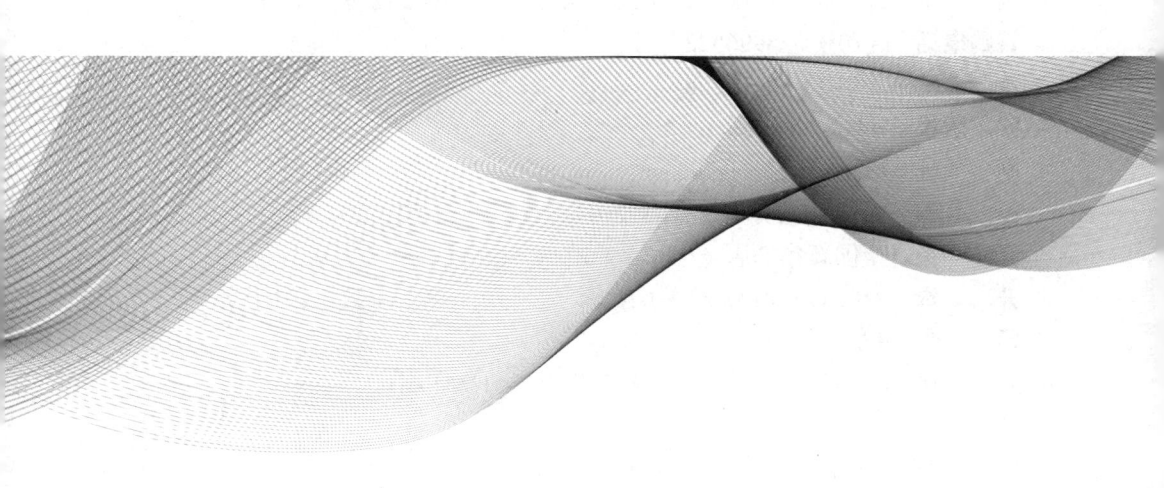

姜晓曦 等 著

朝華出版社
BLOSSOM PRESS

图书在版编目（CIP）数据

智慧时代公共图书馆阅读推广要素研究 / 姜晓曦等著. -- 北京：朝华出版社，2024.2
ISBN 978-7-5054-5300-5

Ⅰ.①智… Ⅱ.①姜… Ⅲ.①公共图书馆—读书活动—研究 Ⅳ.①G252.17

中国国家版本馆CIP数据核字（2023）第238490号

智慧时代公共图书馆阅读推广要素研究

姜晓曦 等 著

责任编辑	廖钟敏
责任印制	陆竞赢 崔 航
装帧设计	蚂蚁文化
排版设计	蚂蚁文化
出版发行	朝华出版社
社　　址	北京市西城区百万庄大街24号　　邮政编码　100037
订购电话	（010）68996522
传　　真	（010）88415258
联系版权	zhbq@cicg.org.cn
网　　址	http://zhcb.cicg.org.cn
印　　刷	天津市光明印务有限公司
经　　销	全国新华书店
开　　本	710mm×1000mm　1/16　　　字　数　191千字
印　　张	13
版　　次	2024年2月第1版　2024年2月第1次印刷
装　　别	平
书　　号	ISBN 978-7-5054-5300-5
定　　价	78.00元

版权所有　翻印必究·印装有误　负责调换

前言
PREFACE

自11部委于2006年联合发起全民阅读倡议以来，我国阅读推广理论和实践均取得了长足的进步。2014年至今，"全民阅读"已连续10年被写入政府工作报告，2014—2016年、2018—2021年的表述是"倡导全民阅读"，2017年的表述则是"大力推动全民阅读"，2022年和2023年则表述为"深入推进全民阅读"，这一变化体现了国家全力实施全民阅读计划的决心。倡导和深入推进全民阅读，不仅是全社会人民的共识，还是国家建设文化强国的核心内容。2020年，中宣部印发的《关于促进全民阅读工作的意见》提出，"到2025年，通过大力推动全民阅读工作，基本形成覆盖城乡的全民阅读推广服务体系"。《中华人民共和国国民经济和社会发展第十四个五年规划和2035年远景目标纲要》也提出，"深入推进全民阅读，建设'书香中国'"。2022年，党的二十大报告写入了"深化全民阅读活动"，这是"全民阅读"第二次被写入全国党代会报告。阅读推广作为公共图书馆实现社会价值的重要抓手，早已成为我国图书馆学研究的必要主题。

早期国内公共图书馆对阅读推广的研究主要集中在阅读推广理论研究、体系研究、对策研究、用户分众研究、案例研究等方面。国外阅读推广与教育和读写素养紧密关联，受众以未成年人群体为主；活动策划主要以目标为导向，重视阅读推广的实效；阅读推广的主体更加多元，除图书馆外，政府机构、行业协会、商业组织和私营企业等都会单独或联合举办活动。随着互联网普及和各类信息技术广泛应用，数字阅读推广逐步成为学界持续关注的热点问题。《全民阅读"十三五"时期发展规划》提出加强对数字化阅读的规范和引导，推动传统阅读和数字阅读相融合。自2020年新冠疫情在全球蔓延以来，国内外通过数字阅读等线上方式开展阅读活动的比重有所上升，数字阅读的优势与便捷性也受到更多关注。国内相关研究主要聚焦于数字阅读推广实施，基于微信、短视频的阅读推广，基于营销策略的阅读推广模型等。国外对数字阅读推广的概念、组成要素、推广模式和推广管理进行了探讨，知名的案例有欧盟的"终身阅读者2.0（Lifelong Readers 2.0）"和美国纽约公共图书馆推出的SimplyE数字阅读App等。

近两年，以人工智能、区块链、大数据、融媒体技术等技术应用为代表的智慧图书馆的发展为阅读推广带来了新的思路，同时用户的阅读习惯和需求也逐步发生变化。第十八次全国国民阅读调查报告显示，我国成年国民数字化阅读方式的接触行为变化趋势表明，在智慧化背景下，阅读推广已具备向新阶段发展的态势。这些变化促使我们思考智慧化阅读推广与数字阅读推广有何不同之处，如何充分发挥智慧图书馆特性，更加高效地助力阅读推广的开展，提升阅读推广活力，从而满足用户更加多元及个性化的阅读需求。促进智慧化阅读推广服务的有效化、规范化、常态化、长期化发展，已成为当前阅读推广研究中一个重要的切入点。

本书作者认为，在智慧时代，我国公共图书馆阅读推广的研究和实践尚处于起步阶段，现有的成果依然有数字阅读推广的一些特征，缺乏系统性地对智慧时代阅读推广要素的全面梳理和重构，理论研究和实践探索尚可进一步深度挖掘。例如，在推广主体方面，单一类的主体应该向跨界合作层面发展，公共图书馆与出版传媒、互联网传播、数字内容产业等领域优质机构的合作推广模式需要探讨。在阅读内容方面，数字阅读仅仅是内容电子化，而在智慧时代，电子内容的碎片化、标签化、聚合与关联才是阅读推广要考虑的。要深入研究资源的集成性、互动性和便利性，提供更多的检索渠道、全文链接，提供开放共享的信息服务。在推广渠道方面，尚未深入研究在线下智慧服务空间以及微信平台、短视频平台和移动阅读平台等新媒体融合背景下，公共图书馆开展的线上线下结合的矩阵阅读推广等问题。本书将深入系统地研究以上这些内容，这对智慧化阅读推广工作的学术研究具有一定的补充作用。

本书共有七章，第一章将我国公共图书馆阅读推广研究划分为四个阶段，分别阐述每一阶段的研究特点，同时对阅读推广主体、客体、对象和渠道四个要素的研究现状进行了综述。第二章简述了智慧图书馆的概念和特点，全面介绍了元宇宙包含的区块链技术、交互技术、电子游戏技术、人工智能技术、网格及运算技术、物联网技术等六大技术的发展，从理论研究现状和实践探索两个角度对我国智慧图书馆进行了分析。第三章至第六章是本书的重点内容，主要从阅读推广主体、对象、客体和渠道四个方面进行了阐述：第三章介绍了不同阅读推广主体开展阅读推广活动的特点和案例，以及智慧背景下阅读推广主体的合作模式；第四章对阅读推广对象展开了研究，主要分析智慧时代大众的需求和习惯的变化，以及利用用户画像这一分众识别技术对智慧图书馆的读者进行层次分类；第五章探讨了智慧图书馆阅读推广的资源内容的组织变化，以及不同内容客体的阅读推广场景；第六章阐述了智慧时代文化推广的渠道研究，提出了阅读推广不同渠道的转型发展策略。第七章是本书的总结篇章，在前六章内容基础上，探讨了阅读推广不同要素之间的关系，提出了智慧图书馆阅读推广转型路径和运行机制。

本书撰写责任如下：总体规划、体系设计、审校统稿由姜晓曦负责。第一章由徐晓辰撰写，第二章、第三章由姜晓曦撰写，第四章由杜晓撰写，第五章由姜晓曦撰写，第六章由李晓彤撰写，第七章由姜晓曦撰写。

尽管本书对智慧图书馆背景下的图书馆阅读推广要素进行了研究和分析，但由于我们能力和水平有限，难免存在疏漏之处，恳请广大读者予以指正，以便我们在今后的研究中不断改进和提升。在本书撰写过程中，参考了大量业界学者关于阅读推广相关论述的文献和实践案例，朝华出版社编辑同志在内容排版和校对方面付出了很大心血，在此向所有帮助和支持本书出版的人士表示衷心的感谢！

姜晓曦

2023年4月

目 录
CONTENTS

第一章　公共图书馆阅读推广发展阶段与要素研究……………001

　　第一节　阅读推广概述……………………………………001

　　第二节　我国公共图书馆阅读推广研究发展历程…………003

　　第三节　我国公共图书馆阅读推广要素研究………………008

第二章　智慧图书馆概述及发展现状………………………………024

　　第一节　智慧图书馆概念发展………………………………024

　　第二节　智慧图书馆的特点…………………………………026

　　第三节　元宇宙与智慧图书馆………………………………028

　　第四节　我国智慧图书馆理论研究现状……………………048

　　第五节　我国公共图书馆关于智慧图书馆的实践探索……054

第三章　智慧时代阅读推广主体研究………………………………062

　　第一节　政府是促进阅读推广的主导力量…………………062

　　第二节　图书馆是阅读推广的主要阵地……………………070

　　第三节　出版传媒行业助力阅读推广………………………075

　　第四节　以资源服务商为主体开展阅读推广活动…………082

　　第五节　以民间组织为主体开展阅读推广活动……………087

　　第六节　智慧图书馆阅读推广主体跨界合作………………092

第四章 智慧时代公共图书馆阅读推广对象研究 ·········· 097
第一节 智慧时代的用户需求与行为分析 ············· 097
第二节 智慧时代阅读推广中的分众识别 ············· 103
第三节 智慧时代基于大数据的用户分众识别新技术 ······ 105
第四节 智慧时代用户需求下的场景化阅读推广 ········· 112
第五节 智慧时代基于推广对象开展阅读服务的转型发展 ··· 119

第五章 智慧图书馆阅读推广客体研究 ················ 125
第一节 不同时代公共图书馆资源建设发展 ············ 126
第二节 智慧图书馆资源阅读服务的特点 ············· 127
第三节 智慧图书馆资源建设与组织 ················ 129
第四节 智慧图书馆阅读推广的客体内容变化 ·········· 134
第五节 智慧图书馆阅读推广不同客体应用场景 ········ 137

第六章 智慧时代公共图书馆阅读推广渠道研究 ·········· 148
第一节 智慧时代图书馆阅读推广渠道面临转型升级 ····· 148
第二节 智慧时代文化推广渠道研究 ················ 155
第三节 智慧时代公共图书馆阅读推广服务的主要类型 ··· 167
第四节 智慧时代公共图书馆阅读推广渠道转型发展策略 · 169
第五节 图书馆阅读推广渠道创新应注意的问题 ········ 180

第七章 智慧时代公共图书馆阅读推广运行机制 ·········· 182
第一节 阅读推广要素之间的关系 ·················· 182
第二节 智慧时代公共图书馆阅读推广思路 ··········· 185
第三节 智慧图书馆阅读推广转型路径 ··············· 191
第四节 智慧图书馆阅读推广运行机制 ··············· 194

第一章
公共图书馆阅读推广发展阶段与要素研究

第一节 阅读推广概述

阅读推广的定义是研究阅读推广的最基础的理论问题,前期已经得到图书馆界专家学者的广泛关注。通过对国内图书馆界专家学者关于阅读推广概念的梳理发现,观点大致可以分为以下几种:范并思[1]认为阅读推广的目标是引导缺乏阅读意愿的人喜欢阅读、训练缺乏阅读能力的人学会阅读、帮助阅读有困难的人跨越阅读的障碍,以优质的阅读服务提升公众阅读的效率。张怀涛[2]认为阅读推广可以理解为"推广阅读",即社会组织或个人,为促进阅读这一人类独有的活动,采用相应的途径和方式,扩展阅读的作用范围,增强阅读的影响力度,使人们更有意愿、更有条件参与阅读的文化活动和事业。王波[3]认为,阅读推广就是为了推动人人阅读,以提高人类文化素质、提升各民族软实力、加快各国富强和民族振兴的进程为战略目标,而由各国的机构和个人开展的旨在培养民众的阅读兴趣、阅读习惯,提高民众的阅读质量、阅读能力、阅

---

[1] 范并思.阅读推广与图书馆学:基础理论问题分析[J].中国图书馆学报,2014,40(05):4-13.
[2] 张怀涛.阅读推广的概念与实施[J].河南图书馆学刊,2015,35(01):2-5.
[3] 王波.阅读推广、图书馆阅读推广的定义——兼论如何认识和学习图书馆时尚阅读推广案例[J].图书馆论坛,2015,35(10):1-7.

读效果的活动。陈幼华[①]认为阅读推广旨在满足时代对文化传承和素质提升的要求，通过组织或个人的力量，积极培养社会对多元媒介作品的阅读兴趣和习惯，帮助公众提升阅读技能和效果，同时增加社会阅读的广度和深度。为了营造良好的阅读环境，阅读推广还致力于创建合适的阅读场所和平台，举办引导多元阅读的各类活动。这类实践旨在激发大众的阅读热情，推动社会形成良好的阅读风尚，全面提升公众的文化素养。于良芝、于斌斌[②]认为图书馆阅读推广主要指以培养一般阅读习惯或特定阅读兴趣为目标而开展的图书宣传推介或读者活动。谢蓉、刘炜、赵珊珊[③]认为图书馆的阅读推广是图书馆利用其信息资源、设备设施、专业团队和社会关系等各种条件，鼓励各类人群成为图书馆的读者，并培养其阅读兴趣、养成阅读习惯或提升其信息素养的各种实践。公共图书馆阅读推广是由公共图书馆单独或联合发起的，面向广大读者的一种有规则、有策略的社会活动，其目的是扩大阅读的普及度，改善阅读环境，并提高读者的阅读数量和质量。

　　阅读推广的运行机制是指阅读推广系统的组成要素和各要素之间的结构关系、外部影响因素及其影响关系、在内外因素作用下的运行过程。从营销、传播、教育等视角观察阅读推广，其特征是重在信息传播与互动，本质上是一个完整的信息流。信息流由信息源、信息、信道、信宿、信息传播与反馈等组成。鉴于此，本书认为阅读推广的组成要素包括推广主体、推广对象、推广客体、推广渠道4个主要内容。阅读推广的过程是推广主体首先明确目标用户，然后根据目标用户的需求确定推广对象，创建适合的推广客体，通过合适的推广渠道开展阅读推广，并评估推广效果。

[①] 陈幼华.论阅读推广的概念类型与范畴界定［J］.图书馆杂志，2017，36（04）：19-24+18.

[②] 于良芝,于斌斌.图书馆阅读推广——循证图书馆学(EBL)的典型领域［J］.国家图书馆学刊，2014，23（06）：9-16.

[③] 谢蓉，刘炜，赵珊珊.试论图书馆阅读推广理论的构建［J］.中国图书馆学报，2015，41（05）：87-98.

第二节　我国公共图书馆阅读推广研究发展历程

　　从国家层面上看，我国尤为重视阅读推广工作。1997年，中宣部、国家教委、国家科委等九部委联合发文实施"知识工程"，"全民阅读"开始进入国家文化政策层面。2000年，全国知识工程领导小组把每年的12月定为"全民阅读月"。2003年12月，"全民阅读月"活动正式由中国图书馆学会组织实施，这一举措明确了图书馆在全民阅读中所担负的责任。2004年，在中国图书馆学会主导下，我国读书日活动与4·23世界读书日接轨。2005年年初，中国图书馆学会首次召开"新年峰会"，"图书馆与社会阅读"为重大议题之一。2006年，中宣部、中央文明办、新闻出版总署等11家部门，发出关于开展"爱读书""读好书"全民阅读活动的倡议书[1]。2011年，全民阅读首次出现在《中共中央关于深化文化体制改革推动社会主义文化大发展大繁荣若干重大问题的决定》中。[2]2012年"开展全民阅读活动"被首次写入党的十八大报告，成为建设社会主义文化强国的一项重要举措。2013年，全民阅读媒体联盟成立，关于儿童阅读、农村阅读、数字化阅读等的内容日益丰富。[3]2014年，"倡导全民阅读"被首次写入政府工作报告，此后"全民阅读"连续10年被写入政府工作报告。2016年，《全民阅读"十三五"时期发展规划》正式颁布，提出要"推动全民阅读"，并将全民阅读工程列为"十三五"时期文化重大工程之一，将全民阅读提升到国家战略高度。[4]2017年3月1日，《中华人民共和

---

[1] 李海燕.我国公共图书馆阅读推广研究综述[J].图书馆杂志，2016，35（02）：103-110.

[2] 黄百川.公共图书馆阅读推广品牌建设创新与思考——以佛山市图书馆邻里图书馆项目为例[J].图书馆，2021（05）：92-95+118.

[3] 搜狐网.从全民阅读活动到全民阅读国家战略全民阅读十年[EB/OL].[2022-02-06].https://www.sohu.com/a/72079959_240763.

[4] 新华网.《全民阅读"十三五"时期发展规划》发布[EB/OL].（2016-12-27）[2022-02-07].http://www.xinhuanet.com/politics/2016-12/27/c_129421928.htm.

国公共文化服务保障法》正式实施,其中第二十九条提出:公益性文化单位应当完善服务项目、丰富服务内容,创造条件向公众提供免费或者优惠阅读服务等。[①]2017年,国务院法制办办务会议审议并原则通过《全民阅读促进条例(草案)》(以下简称《草案》),《草案》突出强调了在全民阅读促进工作中要发挥政府主导作用、鼓励社会参与、明确保障措施、关注未成年人等重点群体阅读等原则。[②]2018年,《中华人民共和国公共图书馆法》正式施行,作为中国第一部图书馆专门法,其中提出公共图书馆应将推动、引导、服务全民阅读作为重要任务,同时,公共图书馆应当免费向社会公众提供阅读推广等服务[③]。2021年,《"十四五"规划纲要》在完善公共文化服务体系部分明确提出,要"深入推进全民阅读,建设'书香中国'"[④]。

一、起始阶段

2006年至2010年为公共图书馆阅读推广研究的起始阶段,主要研究公共图书馆开展阅读指导服务及公共图书馆儿童阅读推广活动。其中《从台湾阅读推广活动之现况谈公共图书馆之阅读指导服务》一文通过分析台湾阅读推广活动的情况,提出新时代环境下,公共图书馆应为读者提供咨询服务和书目疗法服务,同

---

① 中国人大网.中华人民共和国公共文化服务保障法[EB/OL].(2016-12-25)[2022-02-07].http://www.npc.gov.cn/zgrdw/npc/xinwen/2016-12/25/content_2004880.htm.

② 中国网.国务院法制办审议通过《全民阅读促进条例(草案)》[EB/OL].(2017-06-05)[2022-02-07].http://news.china.com.cn/txt/2017-06/05/content_40964731.htm.

③ 中国人大网.中华人民共和国公共图书馆法[EB/OL].(2018-11-05)[2022-02-07].http://youkud.com/tool/referance/index.html.

④ 八桂书香.十四五规划纲要提出"深入推进全民阅读 建设书香中国"[EB/OL].(2021-03-16)[2022-02-07].http://www.gxbgsx.com/news/show-31878.html.

时提出馆员对于公共图书馆开展阅读指导服务的重要性。[①]《公共图书馆与儿童阅读推广》关注了我国公共图书馆在开展儿童阅读推广工作中出现的问题，并提出应通过观念建设、资源建设、环境建设、人才建设等策略加以解决[②]。

二、发展阶段

2011年至2013年为公共图书馆阅读推广研究的发展阶段，阅读推广活动逐渐发展成为公共图书馆的一种主流服务形态，研究内容不仅包括公共图书馆阅读推广活动和少儿阅读推广活动，还包括公共图书馆阅读推广微博营销策略及公共图书馆阅读推广活动评估，同时开始关注弱势群体阅读推广活动的情况。其中《微博营销策略应用于公共图书馆阅读推广的研究》一文，分析了国内公共图书馆微博现状，介绍了微博在公共图书馆阅读推广中的价值，同时提出了公共图书馆采用微博营销进行阅读推广时，应注意几个策略，如沟通策略、时间策略、管理策略和创意策略。[③]《公共图书馆推广活动评估初探》一文介绍了我国公共图书馆阅读推广活动发展现状，并阐述了公共图书馆阅读推广活动评估的重要性，文章表示图书馆定期评估其推广和宣传工作能够及时了解活动质量和活动影响力，从而可以为未来项目规划提供参考依据。[④]这一阶段还关注了公共图书馆开展农村儿童、农村青少年、老年读者、残障儿童和农民工的阅读推广活动的情况。

[①] 陈书梅.从台湾阅读推广活动之现况谈公共图书馆之阅读指导服务[J].图书馆建设，2006（05）：78-81.

[②] 朱淑华.公共图书馆与儿童阅读推广[J].图书馆建设，2008（10）：61-65.

[③] 王祝康，王兆辉.微博营销策略应用于公共图书馆阅读推广的研究[J].图书馆杂志，2013，32（09）：34-38.

[④] 胥迅，姚敏.公共图书馆阅读推广活动评估初探[J].大学图书情报学刊，2013，31（01）：45-47.

三、激增阶段

2014年至2017年为公共图书馆阅读推广研究的激增阶段，随着2014年"全民阅读"首次在政府工作报告中被提出，"全民阅读"观念逐步深入人心，大阅读时代的到来使得阅读推广成为了图书馆的主流服务。这一阶段数字阅读推广、新媒体阅读推广、经典阅读推广等领域的受关注程度有所提升，同时阅读推广评价体系构建、阅读推广联盟、社会化合作、发展趋势等方面也颇受关注。《公共图书馆数字阅读推广模式研究》一文阐述了公共图书馆开展数字阅读推广服务的必要性，并分别提出了面向网络用户、基于一般用户和面向手机用户的数字阅读推广模式。[①]《基于WCI的省级公共图书馆微信阅读推广研究》一文对省级公共图书馆微信阅读推广现状、微信阅读推广效果及问题进行了分析，从而提出省级公共图书馆采用微信开展阅读推广的效果提升策略[②]。《公共图书馆向未成年人开展经典阅读推广策略》一文分别介绍了未成年人阅读经典的意义和现状，并提出了公共图书馆面向未成年人开展经典阅读推广的策略，即要为未成年人营造浓厚经典阅读氛围、做好经典图书书目推荐服务、开展经典阅读推广活动、利用网络技术开展数字经典阅读推广服务。[③]《公共图书馆阅读推广活动评价体系的构建》一文认为提升阅读活动质量的有效手段之一是对公共图书馆阅读推广活动做出评价，并详细论述了阅读推广的评价内容和实施过程。[④]《深圳地区公共图书馆阅读推广联盟建设研究》一文认为通过建立深圳地区公共图书馆阅读推广联盟的途径，能有效推进全市阅读推广资源的共建共享、降低各馆阅读活动的支出

---

① 许晔.公共图书馆数字阅读推广模式研究[J].图书馆研究，2014，44（02）：72-75.

② 蔡丽萍，孔德超.基于WCI的省级公共图书馆微信阅读推广研究[J].图书馆工作与研究，2016（10）：90-95.

③ 傅宝珍.公共图书馆向未成年人开展经典阅读推广策略[J].图书馆研究，2016，46（01）：61-64.

④ 李臻，罗瑜.公共图书馆阅读推广活动评价体系的构建[J].农业图书情报学刊，2014，26（05）：90-93.

成本，从而有效提升深圳"图书馆之城"的服务效能。①《全媒体时代公共图书馆阅读推广社会合作的发展策略》一文调研了公共图书馆阅读推广社会化合作的现状，提出了若干阅读推广策略，如建立公共阅读服务体系、建设全媒体阅读推广平台、组织社会化阅读交流活动、推广新型数字阅读文化等。②《公共图书馆阅读推广的发展趋势》一文阐述了公共图书馆阅读推广呈现的4个趋势，即阅读推广活动逐渐日常化、开展阅读推广的地区差距缩小、图书馆阅读推广部门边界消失、信息技术广泛应用于阅读推广③。

四、平稳阶段

2018年至今为公共图书馆阅读推广发展平稳阶段，随着数字化时代的到来，在文旅融合的大背景下，利用短视频开展阅读推广、阅读推广与文创产品、有声阅读、阅读推广与空间的融合发展等得到了广泛关注。《基于短视频营销的公共图书馆数字阅读推广策略研究》一文对粉丝人数超过一万的公共图书馆抖音头部账号进行分析，并建议公共图书馆数字阅读推广可以采用短视频营销的方式，通过调动用户对数字阅读内容与品牌的共鸣、提高数字阅读推广精准性和可达性，将用户数字阅读推广关注度转化为可持续参与力的创新策略。④《面向阅读推广的公共图书馆文创产品开发研究》一文综合解析了阅读推广主题文创产品的类型，并从馆藏资源和经典文学的阅读文化元素提炼、文学作品文化性与产品功能的创意融合、融入游戏趣味性和阅读文学性的娱乐文

---

① 王洋.深圳地区公共图书馆阅读推广联盟建设研究［J］.图书馆理论与实践，2016（09）：66-69.
② 杨熔.全媒体时代公共图书馆阅读推广社会合作的发展策略［J］.大学图书情报学刊，2017，35（06）：3-6+10.
③ 范并思.公共图书馆阅读推广的发展趋势［J］.图书馆杂志，2015，34（04）：11-15.
④ 张承.基于短视频营销的公共图书馆数字阅读推广策略研究［J］.图书馆工作与研究，2021（05）：85-91.

创产品、文创产品开发与阅读推广活动的深度融合四方面提出公共图书馆阅读推广主题文创产品的开发策略。[①]《新媒体环境下公共图书馆有声阅读推广策略研究》一文概括阐述了新媒体环境下公共图书馆有声阅读推广的意义和模式，并从拓展馆藏资源来源渠道、丰富读者阅读体验、开展多元化服务合作、创新有声阅读传播途径4个角度，提出了完善新媒体环境下公共图书馆有声阅读推广的服务策略[②]。

第三节 我国公共图书馆阅读推广要素研究

前文已阐述本书将公共图书馆阅读推广大致可分为4个要素，即阅读推广主体、阅读推广客体、阅读推广对象和阅读推广渠道4个方面。通过文献调研整理、归纳分析，我国目前公共图书馆界大部分学者对这4个要素都是分开进行研究，极少数将它们结合在一起，主要有如下进展。

一、对阅读推广主体的研究现状

阅读推广主体即发起推广的机构和组织，总的来说，阅读推广主体是多元化的，包括政府、公共图书馆、学校图书馆、出版机构、文化教育机构、传媒机构、民间团体组织等。公共图书馆以其丰富的文化资源，能够满足不同类型人群的阅读需求。阅读推广是公共图书馆提供公共文化服务、传播科学知识的重要方式，是公共图书馆的核心工作之一。公共图书馆作为阅读推广工作的主要推动力量，在全民阅读推广活动中发挥着主体作用，推动全民阅读向着更

---

① 王毅，雷鸣.面向阅读推广的公共图书馆文创产品开发研究[J].图书馆杂志，2020，39（05）：28-42+54.
② 王继华.新媒体环境下公共图书馆有声阅读推广策略研究[J].图书馆学刊，2019，41（03）：94-97.

高层次发展。目前，随着全民阅读推广活动的不断深入，社会力量参与全民阅读推广活动已成为构建全民阅读服务体系的重要组成部分。陆和建、李婷婷[①]以深圳图书馆为例，介绍了社会力量参与公共图书馆全民阅读推广活动的实践案例。深圳图书馆全民阅读推广的社会力量主体有公共图书馆、专业学会、党政群机关事业单位、学校、科研机构、企业、新闻媒体、出版发行机构、社会团体组织、教育培训机构以及医疗机构等，主要案例有深圳图书馆联合中国图书馆学会阅读推广委员会发布的"2021南书房家庭经典阅读书目"；深圳图书馆与深圳市盲人协会合作，开展"展视障人士风采，奏全民阅读乐章"——第二届深圳视障人士中医知识竞赛和"点亮视界，欣赏世界"——视障人士走进博物馆系列活动；深圳图书馆"青少年阅读基地"基于馆校合作机制，聚焦青少年阅读培育与文化素质提升，探索青少年阅读推广新模式，促进优秀文化传播；深圳图书馆与必胜客跨界合作，将捐赠换书中心引入必胜客餐厅，打造集用餐和图书借阅、交换、捐赠功能为一体的阅读共同体；深圳图书馆联合深圳市知否读剧社，以"读剧"这一新的阅读方式，立体展现阅读魅力，让大众感受文学力量，激发对经典文学作品的阅读兴趣；深圳图书馆联合深圳方典经方中医馆开设"上医治未病，中医治欲病，下医治已病"系列课程；深圳捐赠换书中心与深圳市关爱行动组委会办公室、深圳报业集团、深圳图书馆合作，以共享全民阅读资源，构建城市第三空间为宗旨，通过图书馆、媒体与社会各界的力量，共同搭建全民阅读资源公共服务平台；《深圳商报》《深圳晚报》等大众媒体长期宣传报道深圳图书馆阅读推广活动。郝丽梅[②]介绍和梳理了吉林省图书馆跨界合作案例，一是与社区、学校合作，在全省范围内建立分馆和流通站，建立"百姓书房"和"学生书房"，提供纸质资源和数字资源，并通过

---

① 陆和建，李婷婷.我国社会力量参与公共图书馆全民阅读推广实践探索——以深圳图书馆为例[J].图书馆界，2022（02）：13-18.
② 郝丽梅.公共图书馆跨界合作分析——以吉林省图书馆为例[J].河南图书馆学刊，2020，40（01）：7-8+11.

讲座、书画展等活动为读者提供阅读推广服务；二是与吉林省作家协会等共同举办"作家进校园"活动，走进进城务工人员随迁子女学校，通过举办"阅读点亮梦想"等主题活动，帮助他们树立梦想、健康成长；三是与书店合作，实现24小时全天候书籍阅读，将图书馆与书店特色服务相结合，吸引了很多市民驻足阅读；四是与数据商合作，与超星公司联合打造了吉林省图书馆App，内容包括书籍、报纸、期刊、讲座、公开课、有声读物等，为读者提供方便快捷的移动阅读服务，同时还利用App开展"共读不孤读　同城一本书"等阅读推广活动等。杨嘉骆[①]阐述和分析了粤港澳大湾区公共图书馆服务体系阅读推广服务模式的特点，粤港澳大湾区6个区域（香港、澳门、东莞、佛山、广州黄埔区、深圳福田区公共图书馆）打破单个公共图书馆阅读推广服务模式，在阅读推广服务内容、服务方式的精细度、专业度、丰富度方面使阅读推广活动得以更好地延伸。

二、对阅读推广客体的研究现状

推广客体是推广主体向目标客户推送、推荐的内容。包括促进用户阅读素养提升的客体内容、能直接阅读的数字读物、间接促进读者阅读的客体等。电子书刊报、数据库、网页、音视频、动画等多媒体内容使得客体内容立体化。图书馆员应该积极地向图书馆用户和非图书馆用户推广图书馆服务、资源和设备。对于数字阅读推广客体，国内学者更多地将其理解为数字资源。在深度开发、组织及推荐时应根据社会热点、用户需求把公共网络信息资源与馆藏数字资源相融合，通过自动或者人工摘要方式提炼阅读内容中的精彩看点，并将其直接推荐给用户。笔者通过在中国知网进行相关文献的检索发现，国内公共图书馆在进行阅读推广活动的过程中主要针对红色文献阅读、地方文献阅读、经典阅读、古籍、绘本、数字阅读等内容。

---

① 杨嘉骆.粤港澳大湾区公共图书馆服务体系阅读推广及制度建设的调研［J/OL］.图书馆建设：2022（05）：39-48.

（一）针对红色文献开展阅读推广活动

张潇雨[1]对公共图书馆开展红色文献阅读项目类型及内容进行了关注，一是红色空间搭建，其中内容分为实体空间，包括红色主题馆、红色阅读角、红色书咖、专柜、专架；虚拟空间，包括红色有声图书馆、移动资源平台。如黄山市图书馆的"初心线"红色阅读主题公交、韶山市图书馆的24小时自助红色图书馆、珠海图书馆的红色经典朗读亭等；山东省图书馆与学习强国跨平台合作，推出"红色报刊悦读"专栏，通过微信和微博进行"阅品山东"红色传承新媒体推广；河南省图书馆以馆藏文献为基础创设"网上河南抗战纪念馆"等。二是红色资源建设，主要包括自建数据库、社会征集及捐赠、口述历史记录、资料整理汇编、视频及电视节目制作，如陕西省图书馆的《陕甘宁边区红色记忆研究文献库》、绍兴市图书馆的《红色浙江》、福建省少年儿童图书馆的《福建文化记忆·福建红色文化动漫资源》、湖北省图书馆的《红色历史动漫数据库》、济南市图书馆的《纪念济南解放70周年宣传报道汇编》、上海图书馆的《红色视域下的上海——中共中央早期机关报〈解放日报〉上海新闻整理汇编》等。三是开展红色阅读推广活动，主要包括专题展览、主题讲座、研学活动、知识竞赛、朗诵表演、读书交流会、亲子阅读、征文、音乐赏析会、电影放映等。徐凤翔[2]通过对新疆地方红色文献资源挖掘整理并进行有效利用，探讨了边疆民族地区公共图书馆结合区域特点，开展地方红色文献资源建设、分析推广和传播的现状。傅云霞[3]以辽宁省图书馆红色文献阅读推广工作实践为例，提出加强红色文献馆藏建设、加强红色文献阅读指导及打造多元化

---

[1] 张潇雨.公共图书馆红色文献阅读推广服务研究［J］.图书馆工作与研究，2022（08）：123-128.

[2] 徐凤翔.公共图书馆地方红色文献开发研究刍议［J］.数字与缩微影像，2022（03）：11-14.

[3] 傅云霞.公共图书馆红色文献阅读推广实践探索——以辽宁省图书馆为例［J］.图书馆学刊，2022，44（08）：9-12.

阅读推广方式的红色文献阅读推广工作策略。

（二）针对地方文献开展阅读推广活动

苏晓明[①]以《广州大典》为例，对公共图书馆地方文献经典阅读推广进行了关注，并提出经典阅读是公共图书馆的重要职能，以及公共图书馆是经典阅读推广的重要阵地。周宝灵[②]对宁波图书馆地方文献阅读推广的实践情况进行了关注，并表示会通过专家和设立专柜的形式展示馆藏地方文献及宁波地域文化特色文献，同时还通过定期举办有关地方文献的专题展览和建设特色数据库的方式进行宣传。郭菲[③]关注了图书馆地方文献宣传的渠道，一是充分利用图书馆进行地方文献宣传活动；二是在地方文献宣传中注重微博、微信、视频号、抖音短视频、QQ群、微信群等平台的建设；三是在地方文献宣传中通过进入村舍、办公室、校园、商场、购物中心等"走出去"的宣传方式提高宣传效果；四是地方文献宣传中根据弱势群体的实际需要对服务形式进行优化和调节；五是关注地方文献宣传中阅读技术和创新，优化阅读形式和阅读途径。

（三）针对经典阅读开展阅读推广活动

高萩蘋[④]发表文章介绍了厦门市图书馆经典阅读推广工作，一是持续推介优质图书，多渠道联动推广经典阅读，厦门市图书馆阅览区主入口的主题书墙以专题形式推荐经典好书，每年推出包括经典著作、社会热点图书等50多个主题，线下图书展示期间，在微博和微信公众号线上同步进行分享，同时会定期邀请专家学者举办讲座、阅读分享会、读书沙龙等活动。二是设立经典阅读专区，以"权威"聚合引领经典阅读，在厦门市图书馆集美新馆开设"经典阅读

---

① 苏晓明.公共图书馆地方文献经典阅读推广策略——以《广州大典》为例[J].图书馆学刊，2022，44（08）：81-85.

② 周宝灵.全民阅读时代公共图书馆地方文献阅读推广路径探索[J].兰台内外，2022（20）：76-78.

③ 郭菲.阅读推广背景下公共图书馆的地方文献宣传工作[J].文化产业，2022（16）：107-109.

④ 高萩蘋.新媒体时代公共图书馆经典阅读推广创新探索——以厦门市图书馆为例[J].福建图书馆学刊，2019，2（04）：26-28+42.

馆",场馆一侧设有展示诺贝尔文学奖、茅盾文学奖等图书奖项的获奖作品,并围绕经典著作开展渐进式阅读,围绕经典阅读开展了系列阅读推广活动。三是融合智能媒体终端,开拓数字经典阅读新体验,开展"每日一小时"经典阅读体验月活动,读者通过"掌上厦图"App报名参与在线共读,并在App读书社区参与每日打卡活动,在30天的活动体验中分享心得,养成阅读经典的习惯。四是拓宽跨界合作领域,构建多元化经典阅读空间,厦门市图书馆与餐饮企业合作开办了"悦读食光空间",精选2000册经典文献供读者在享用美食之余享受精神食粮,同时集美新馆作为试点,打造了"图书+咖啡"的阅读空间,由图书馆提供场地和经典图书,公共图书馆与其他机构发挥各自平台优势,进一步推动和普及经典阅读。崔乐[1]针对大庆市图书馆经典阅读推广活动进行了介绍,大庆市图书馆在策划系列经典阅读推广活动时,会根据社会群体特征开展有针对性的经典阅读推广活动,如针对少年儿童开展"读国学、诵经典国学冬令营"活动,针对特殊群体开展"无障碍电影"播放活动等,开展经典阅读数字资源推广活动,印制经典书目二维码墙报。持有大庆市图书馆借阅证的读者都可以扫描登录,享受快捷的电子阅读服务。寿晓辉等关注了杭州图书馆经典阅读推广的实践经验,一是打造本馆经典阅读品牌,如杭州图书馆经典阅读品牌——"国学九十九讲"活动;二是在青少年中开展经典阅读,杭州图书馆联合《都市快报》开展"名师公开课"阅读推广活动,邀请著名作家、教育界专家等为家长们定期开课;三是注重国际化、多元化阅读情景体验,杭州图书馆在经典阅读推广方面注重场景体验,运用多元化形式为公众介绍和引入国外经典。

(四)针对古籍文献开展阅读推广活动

朱亚萍[2]以河南省图书馆为例分析了公共图书馆古籍文献阅读推广的实践情况,一是举办"传习经典融古汇今——中华传统晒书"活动;二是对全馆古籍基

---

[1] 崔乐.大庆市图书馆系列经典阅读推广活动阐析[J].河南图书馆学刊,2019,39(12):49-51.

[2] 朱亚萍.公共图书馆古籍文献阅读推广初探——以河南省图书馆为例[J].河南图书馆学刊,2022,42(01):17-19.

本情况、古籍破损情况和古籍保存情况进行全方位的普查，并对相应古籍文献数据库进行数据更新；三是利用纪念日和传统节日进行阅读推广活动，例如在端午节组织策划古诗吟唱及经典阅读活动；四是以诵读中华传统经典《论语》《道德经》为主，举办"趣缘读书会"活动。唐娟[①]关注了抚州市图书馆开展特色少儿阅读服务，其分别针对不同年龄的少年儿童推出绘本、绘画、国际象棋、作文训练、世界名著视听活动、优秀少儿电影展播、月亮姐姐讲故事、好书推荐、我是小小管理员活动。杨文[②]选取浦东图书馆上海文学基地项目作为案例，重点关注儿童文学特色资源，并对其主要工作及成效、建设模式进行了探讨。

（五）针对绘本进行阅读推广活动

匡红鹰[③]介绍了武汉市少年儿童图书馆在绘本阅读推广方面开展的一系列活动，包括绘本剧表演、亲子阅读分享会、依托流动车与志愿者开展阅读推广活动、当音乐遇上绘本、"千字屋"儿童想象力活动、"我最喜爱的童书"评选活动、"楚童杯"读书汇活动、"世界读书日""国际儿童图书日"主题活动、"全国少年儿童阅读年"活动等，同时提供绘本阅读指导、开设公益讲座、面向全社会培养更多的阅读推广人等。王春雨[④]关注了长春市图书馆开展绘本阅读推广实践情况，一是开展"小树苗·绘阅"亲子故事会，亲子故事会围绕"市民读书节""世界儿童阅读日"等重大节日并依托馆藏资源，开展主题亲子故事会；二是长春市图书馆跨界与长春晚报社、吉林广播电视台等合作，在各分馆和城市书房举办"书香长春绘美童年"绘本讲读人大赛；三是挖掘儿童创造性潜能，依据儿童年龄与身心特点开展绘本剧创意表演大赛。

---

① 唐娟.面向少儿读书阅读的馆员特色服务研究——以抚州市图书馆为例［J］.科技风，2022（25）：154-156.

② 杨文.公共图书馆特色资源建设探讨——以浦东图书馆上海儿童文学基地为例［J］.图书情报研究，2022，15（03）：83-89.

③ 匡红鹰.公共图书馆绘本阅读推广的实践与思考［J］.图书馆研究与工作，2020（12）：73-76.

④ 王春雨.儿童本位理念下的绘本阅读推广研究——以长春市图书馆为例［J］.河南图书馆学刊，2020，40（10）：11-13.

三、对阅读推广对象的研究现状

阅读推广对象即阅读推广面向的用户，开展阅读推广应该对用户进行分类、分级，明确主要用户群体。比如按人口统计特征、行业、数字阅读素养、是否注册用户等角度进行分类，可以利用大数据精准分析不同类型用户及其需求。笔者通过在中国知网进行相关文献的检索发现国内公共图书馆在进行阅读推广活动的过程中主要针对婴幼儿、（农村、残障）儿童、（农村）青少年、（农村）老年人、弱势群体（农民工、农民工子女、残障人群）等对象进行阅读推广活动。

（一）针对婴幼儿开展阅读提供活动

欧艳艳[1]阐述了公共图书馆开展婴幼儿阅读推广的意义，并提出强化阅读推广研究和评估工作、鼓励优秀婴幼儿读物出版、健全婴幼儿阅读推广体系、合力开展分级阅读等策略。门红悦[2]分析了公共图书馆开展学龄前幼儿阅读推广的现状，并提出公共图书馆可通过宣传亲子阅读及培养幼儿阅读习惯、为家长开设公益性讲座和读书交流平台、组织符合幼儿特点的读书活动等策略。

（二）针对（农村、残障）儿童开展阅读推广活动

林微微[3]以瑞安市图书馆"小蜜蜂采书蜜"品牌项目为例，针对儿童阅读推广探索了"四三二"阅读推广新模式，即构建听、写、讲、演"四位一体"的新型阅读模式，借助网络、社会、家庭的力量，通过走进乡村学校、福利院以及举办图书馆日活动等方式开展儿童阅读推广的新模式。李缙云[4]提出面向

---

[1] 欧艳艳.公共图书馆婴幼儿阅读推广研究[J].河南图书馆学刊，2020，40（12）：42-43.

[2] 门红悦.公共图书馆开展学龄前幼儿阅读推广的策略[J].科技情报开发与经济，2014，24（06）：38-40.

[3] 林微微.公共图书馆儿童阅读推广创新模式和路径探索——以瑞安市图书馆"小蜜蜂采书蜜"品牌项目为例[J].图书馆杂志，2022，41（03）：111-117.

[4] 李缙云.面向学龄前儿童的公共图书馆阅读推广思考[J].科技传播，2022，14（07）：29-31.

学龄前儿童可以开展亲子阅读、分级阅读、绘本阅读、玩具图书馆等模式来开展阅读推广活动。徐水琴[1]介绍了武汉市少年儿童图书馆"楚童杯"读书汇活动，"读书汇"是公益性少儿读书活动，主要以少年儿童为服务对象，成立以作家、馆员等为主的阅读指导委员会，围绕每年活动主题向全市少年儿童推荐优秀图书。刘新菊[2]分析了重庆图书馆开展学龄前儿童阅读推广的实践案例，并通过常规周末阅读推广活动、节庆日邀请专家指导阅读推广活动、寒暑假阅读推广活动三方面，介绍了重庆图书馆开展学龄前儿童阅读推广活动的实践情况。刘筱熠[3]探讨了公共图书馆少儿阅读推广的策略，提出可结合地方特色丰富阅读内容、选择在旅游景点组织开展阅读推广活动、将地方特色融入阅读以激发少儿读者参与的兴趣、重视少儿文创产品的研发设计等方式，以此提升少儿阅读推广工作的效果。黄群莲[4]以浦江县图书馆为例关注了农村儿童阅读推广的现状，并提出基层图书馆在农村儿童阅读推广中具有职能优势、资源优势和经验优势。马海霞[5]关注了公共图书馆农村儿童阅读推广的策略，并提出了建立学校图书流动站、做好知识导航员、开展专题讲座、建立知识咨询点、培养孩子参与意识、搭建城乡师生联谊平台等措施。周娴[6]对公共图书馆开展残障儿童阅读推广的现状进行了阐述，并提出加强对残障儿童阅读推广的研究、

---

[1] 徐水琴.公共图书馆大型儿童阅读推广活动实证研究——以武汉市少年儿童图书馆"楚童杯"读书汇活动为例［J］.图书馆工作与研究，2020(S1)：107-111.

[2] 刘新菊.浅析公共图书馆开展学龄前儿童阅读推广的策略——以重庆图书馆为例［J］.农业网络信息，2016（07）：96-98.

[3] 刘筱熠.文旅融合背景下公共图书馆少儿阅读推广策略研究［J］.兰台内外，2022（19）：76-78.

[4] 黄群莲.基层公共图书馆与农村儿童阅读推广——浦江县图书馆儿童阅读推广的实践与探索［J］.科技情报开发与经济，2014，24（20）：104-107.

[5] 马海霞.公共图书馆农村儿童阅读推广的策略［J］.图书馆学刊，2012，34（04）：96-97.

[6] 周娴.公共图书馆残障儿童阅读推广的思考［J］.河北科技图苑，2013，26（06）：71-73.

建立残障儿童阅读推广长效机制、完善残障儿童阅读推广保障机制、以多种形式探索残障儿童阅读推广活动等建议。

（三）针对（农村）青少年开展阅读推广活动

胡晨曦[①]关注了广州图书馆在新冠疫情期间针对青少年开展的一系列线上阅读推广活动，其中包括战"疫"中的文化坚守——广州图书馆少儿诗文朗诵线上活动，针对年龄偏小的读者开展了"宅家阅读玩转绘本"系列活动、针对中小学生推出了"书目推荐：诗词中国——和孩子一起读诗"系列活动。贺新艳[②]以长治市图书馆为例剖析了公共图书馆开展青少年阅读推广活动的实践方式，一是结合节日主题开展各种阅读推广活动；二是与学校、社区等机构合作加强对青少年阅读的指导；三是开展多样化的阅读推广活动。高峰[③]等人以平凉市图书馆"周末家庭教育讲坛"阅读推广品牌为例，介绍了该品牌针对青少年阅读推广采用了"线上+线下"相结合、以"图书馆+"的模式开展活动，其子项目包含了周末主题公益讲座、传统文化促进会暨孔子学堂、平凉心理学会和平凉市周末读书会等。田愈征[④]以"乌鲁木齐市图书馆国学亲子读书班"项目为例，介绍了该项目以国学教育为重点、以亲子诵读为核心、以馆舍合作为基础的针对青少年的阅读推广新模式。吴文智[⑤]关注了基层图书馆开展农村青少年阅读推广问题，并提出满足广大农村青少年的阅读需求、对农村青少年进

---

① 胡晨曦.突发事件中公共图书馆线上青少年阅读推广活动初探——以广州图书馆为例［J］.内蒙古科技与经济，2022（14）：129-131.

② 贺新艳.公共图书馆青少年阅读推广活动的实践与探索［J］.传媒论坛，2021，4（07）：119-120.

③ 高峰，郭玉萍，王小莉，等.基于公共图书馆阅读推广的青少年微阅读习惯培养意义及策略——以平凉市图书馆"周末家庭教育讲坛"阅读推广品牌为例［J］.甘肃科技，2021，37（08）：94-96+57.

④ 田愈征.亲子读书班：青少年阅读推广活动新模式——"乌鲁木齐市图书馆国学亲子读书班"项目分享［J］.图书情报研究，2017，10（01）：50-52+58.

⑤ 吴文智.基层公共图书馆开展农村青少年阅读推广的实践与思考［J］.兰台内外，2020（05）：69-70.

行阅读指导、举办读书活动等策略。

（四）针对老年人开展阅读推广活动

钟晓莉[①]关注了文化养老背景下老年读者阅读推广服务策略，并针对老年读者的特点提出改善阅读环境和场所以及开展阅读推广活动、信息素养教育和健康信息服务等服务策略。伍力[②]以重庆图书馆为例关注了公共图书馆老年读者阅读推广的现状和深度开展路径，为做好老年读者阅读推广工作提出了加强与老年大学、养老院、老年社会团体等的合作以及引入老年文化志愿者、完善老年阅读推广硬件和软件的配置等建议。王国利[③]以山西省图书馆为例关注了公共图书馆进行老年阅读推广的意义，并结合老年读者特点提出积极推动总分馆制建设、做好宣传推广工作、对老年读者进行培训和指导、建立老年阅览室、与社会老年机构合作、招募和培养老年读者成为阅读推广人等促进公共图书馆老年阅读推广的策略。陈莉莉[④]以深圳图书馆为例，对我国公共图书馆开展老年阅读推广活动的举措进行了关注，包括成立老年阅览室、开展丰富多彩的阅读推广活动、组织技能培训、搭建交流平台、提供展示舞台、成立老年读书会等。

（五）针对残障人群开展阅读推广活动

王琳[⑤]介绍了内蒙古图书馆为残障读者提供有声阅读的案例，其中，2018年，内蒙古图书馆残障人图书馆独立制作完成了《林家铺子》《大决战》等8部无障碍电影。无障碍电影制作通过全程加入剧情解说和手语翻译，让盲人和聋哑

---

① 钟晓莉.文化养老背景下的图书馆老年读者服务研究［J］.产业与科技论坛，2022，21（17）：275-276.

② 伍力.公共图书馆老年读者阅读推广策略研究——以重庆图书馆为例［J］.科技智囊，2020（03）：76-77.

③ 王国利.公共图书馆老年阅读推广探究——以山西省图书馆为例［J］.河南图书馆学刊，2018，38（05）：18-19+32.

④ 陈莉莉.公共图书馆开展老年阅读推广活动的思考——以深圳图书馆为例［J］.四川图书馆学报，2015（06）：34-37.

⑤ 王琳.公共图书馆残障读者有声阅读推广策略研究——以内蒙古图书馆为例［J］.图书馆学刊，2022，44（03）：76-79.

人也能享受观影乐趣，共享文化盛宴；同时还在每周四下午举办"心之声——为残障朋友放电影"有声阅读推广服务，让视障读者能够欣赏世界各国电影艺术作品魅力；组织"视障读者茶话会"，以茶话会的形式分享自己喜欢的有声图书或自己的诗词，通过志愿者阅读的方式与视障读者一起品读文学作品；另外，为了让残障读者随时随地在线"阅读"，内蒙古图书馆还将文化志愿者朗读的文学作品和口述电影音频制作成有声书的形式，残障读者可通过"内蒙古残障人图书馆"微信公众号和喜马拉雅App来进行听读。陆秋洁[1]介绍了文旅融合背景下广州图书馆针对视障人士进行阅读推广服务的情况，一是为视障人士提供世界文化之旅体验活动，举办"触读世界"分享会，邀请世界各地的志愿者分享各国故事，让视障读者通过触摸体验与倾听了解异域风情。近年来，广州图书馆共举办了若干场分享会，如新西兰毛利人和毛利新年、法国巴黎艺术殿堂、触读枫叶之国加拿大、悉尼歌剧院、英国伦敦塔桥、尼泊尔等分享活动，开设线上"听游天下"感官主题阅读分享会，组织视障读者参加线上活动，介绍世界旅游、美食文化知识，丰富残障人士的精神生活，还为视障人士提供茶道、艺术、节日、民俗等丰富的中国传统文化之旅体验服务；二是为视障人士提供本土文化之旅体验服务，如举办"穿粤古今"广州文化旅游系列走读活动、参观本土文化场馆体验活动以及线上为视障读者提供本土旅游文化分享服务等。

（六）针对农民工及子女开展阅读推广活动

付国帅[2]分析了全民阅读背景下农民工的阅读现状、存在的问题和对策。问题主要表现在农民工阅读内容供给不足、针对性服务不到位、政策支持欠缺等。并从增强农民工阅读需求、开展有针对性服务、加大政策扶持力度等方面

---

[1] 陆秋洁.文旅融合背景下公共图书馆视障人士阅读推广服务探析——以广州图书馆为例［J］.图书馆研究，2022，52（02）：76-84.

[2] 付国帅.全民阅读背景下农民工阅读的现状、问题与对策——以公共图书馆服务农民工阅读为视角［J］.淮海工学院学报(人文社会科学版)，2018，16（09）：120-122.

提出了对策与思考。胡莹[①]阐述了吉林省公共图书馆针对农民工子女开展阅读推广服务的研究情况，并介绍了吉林省公共图书馆开展农民工子女阅读推广服务具体形式，包括成立学生书房、举办书画展览、作家走进校园、社会各界捐书等。

四、对阅读推广渠道的研究现状

推广渠道即推广主体面向目标用户发布推广活动信息的途径或媒介，包括线上渠道和线下渠道。数字阅读推广更加依托多元、便利的在线渠道，发挥移动终端和微信、微博等主流平台的优势，实施阅读内容推广，整合多个渠道联动推广，以提高推广效果。推广主体需要根据自身的营销目标、物质条件和目标用户通常分布的活跃平台选择营销渠道，并灵活运用内容推广技术和社会影响者的助推。一方面，充分利用各种公共的社会化服务平台；另一方面，根据其他社交媒体平台的不同属性，布局个性化的自媒体，最终要建立自己的渠道或者引流至自建数图网站、自建图书馆社区服务等。笔者通过对中国知网进行相关文献的检索发现国内公共图书馆在进行阅读推广活动的过程中主要通过微博、微信公众平台、移动App、抖音、视频号、小程序等渠道进行阅读推广活动。

（一）通过微博平台进行阅读推广活动

王祝康[②]等表示微博在公共图书馆阅读推广中发挥了阅读推广信息发布平台、深度了解读者阅读情况的有效渠道、阅读推广活动的口碑反馈平台等价值。代轶威[③]阐述了我国公共图书馆微博平台在图书馆阅读推广中的现状和应

---

① 胡莹.吉林省公共图书馆农民工子女阅读推广服务研究[J].图书馆学研究，2021（19）：82-88.

② 王祝康,王兆辉.微博营销策略应用于公共图书馆阅读推广的研究[J].图书馆杂志，2013,32（09）：34-38.

③ 代轶威.基于微博平台的图书馆阅读推广研究[J].办公室业务，2021（08）：172-173.

用价值，并提出了基于微博平台的公共图书馆阅读推广策略。徐蓉[1]等关注了微博在公共图书馆阅读推广中的价值，并提出需要巧妙运用微博推广策略服务公共图书馆阅读推广。

（二）通过微信公众平台进行阅读推广活动

徐世鸣[2]分析了微信公众平台在省级公共图书馆阅读推广中的应用情况，并以黑龙江省图书馆为例，进一步挖掘了黑龙江省图书馆微信公众平台阅读推广应用中阅读内容形式、阅读功能及阅读推广手段等问题，并提出加强内容建设、强化阅读推广功能、扩大微信运营推广渠道等策略。冼钰莹[3]对微信公众平台在图书馆阅读推广工作中的应用情况进行了探究，阐述了利用微信公众平台开展阅读推广有形式多样、个性化突出、及时推送等优势，同时也提出了相关问题和建议。陈祎祺[4]对微信公众平台在图书馆阅读推广工作中的意义、问题和策略进行了分析。梁相[5]分析了公共图书馆微信公众平台进行阅读推广的优、劣势，并对公共图书馆开展微信阅读推广提出加大宣传力度、实施规范管理、强化营销理念等策略。

（三）通过移动App进行阅读推广活动

吕略[6]对公共图书馆通过喜马拉雅、懒人听书、蜻蜓FM等移动阅读App平台开展

---

[1] 徐蓉，徐惠平.公共图书馆阅读推广中的"微博"策略［J］.兰台世界，2015（14）：152-153.

[2] 徐世鸣.微信公众平台在省级公共图书馆阅读推广中的应用——以黑龙江省图书馆为例［J］.农业图书情报学刊，2016，28（08）：86-88.

[3] 冼钰莹.微信公众号在图书馆阅读推广工作中的应用探究［J］.办公室业务，2021（15）：174-175.

[4] 陈祎祺.微信公众平台在图书馆阅读推广工作的应用［J］.传媒论坛，2020，3（24）：108+110.

[5] 梁相.全民阅读背景下公共图书馆微信阅读推广研究［J］.办公室业务，2019（07）：141.

[6] 吕略.公共图书馆"听书"阅读推广路径探究——基于公共图书馆喜马拉雅官方号的实证分析［J］.河南图书馆学刊，2021，41（12）：10-12.

有声阅读的情况进行了关注，提出有声阅读以其资源丰富、满足人们碎片化阅读习惯、社交性强、易于分享等特点有效助推阅读推广事业的新发展。

（四）通过抖音平台进行阅读推广活动

戴翔[1]关注了江西省图书馆通过抖音平台进行阅读推广运营研究与实践的情况。伍德嫦[2]探析了广东省立中山图书馆利用抖音官方账号创新发展阅读推广的新模式，对抖音账号的设立、运营、发展情况进行了梳理和分析，并提出确定账号定位、深耕垂直领域、挖掘馆藏资源、重视运营管理、加强团队建设等意见。李雅玲[3]对已开通抖音账号的22家省馆通过抖音短视频进行阅读推广活动的情况进行了关注。单骅[4]等以浙江图书馆官方抖音号"大咖来了"为例，探讨了公共图书馆利用抖音短视频进行阅读推广的新模式。孙德福[5]等选取了国内具有代表性的20余家图书馆，并对其利用抖音短视频进行线上阅读推广的情况进行了分析。

（五）通过微信视频号进行阅读推广活动

王晴[6]关注了公共图书馆利用微信视频号进行数字阅读营销的实践经验，并表示公共图书馆可利用微信视频号进行以内容营销、矩阵营销、体验营销为

---

[1] 戴翔.基于抖音平台公共图书馆阅读推广运营研究与实践——以江西省图书馆抖音号为例[J].图书馆研究，2022，52（04）：79-88.

[2] 伍德嫦.公共图书馆抖音号运营实践与思考——以广东省立中山图书馆抖音官方账号为例[J].河北科技图苑，2021，34（03）：62-67+77.

[3] 李雅玲.省级公共图书馆抖音平台运营及提升策略[J].图书馆学刊，2022，44（04）：36-42.

[4] 单骅，洪烁.探索公共图书馆阅读推广新模式——以浙江图书馆官方抖音号"大咖来了"为例[J].图书馆杂志，2021，40（10）：119-123.

[5] 孙德福，万莉，程留永.新冠疫情下基于抖音的图书馆阅读推广探析[J].新世纪图书馆，2021（06）：61-64+74.

[6] 王晴.基于微信视频号的公共图书馆数字阅读营销策略研究[J].图书馆工作与研究，2022（08）：116-122.

核心的策略体系来提高用户对数字阅读的参与度和关注度。惠艳[①]关注了公共图书馆微信视频号阅读推广的路径研究，并提出公共图书馆微信视频号阅读推广的创新策略，依据用户需求画像开展公共图书馆微信视频号阅读推广的实践策略，以及依托微信视频号互动功能引导用户共享阅读、利用微信视频号营销矩阵增加阅读流量等。

（六）通过微信小程序进行阅读推广活动

吴广宇[②]对福建省图书馆利用微信小程序开展数字阅读推广活动进行了关注，并对小程序整合资源统一入口、开展个性化阅读服务、建立阅读分享激励机制、模块化设计、举办形式多样的线上阅读推广活动、助力图书馆文创产品宣传推广的功能亮点进行了剖析，同时还提出了问题及改进策略。

公共图书馆作为公共文化服务体系中的核心组成部分，肩负着推动全民阅读与传承文化的崇高使命。通过深入探究阅读推广四大关键要素，公共图书馆可以更好地了解自身的使命和责任所在，不断改进和完善阅读推广工作机制和服务模式，为读者提供更优质的阅读体验。这不仅有助于提高全民的阅读素养和文化水平，还能为社会的持续发展和进步注入新的活力。

---

① 惠艳.公共图书馆微信视频号阅读推广路径研究——基于CCDVTP营销模型视角[J].图书馆工作与研究，2022（07）：82-88.

② 吴广宇.微信小程序在公共图书馆阅读推广中的应用探析——以福建省图书馆为例[J].河北科技图苑，2021，34（02）：73-78.

第二章
智慧图书馆概述及发展现状

第一节　智慧图书馆概念发展

　　智慧图书馆的概念和实践最早出现在欧美的大学图书馆、公共图书馆和博物馆。2003年前后，芬兰奥卢大学图书馆提供的一项新服务称为"Smart Library"。有学生发表了题为《智慧图书馆：基于位置感知的移动图书馆服务》的会议论文[1]，指出智慧图书馆是一种不受空间限制的便携式图书馆服务，它可以帮助用户找到所需的书籍和相关资料文档。同时，澳大利亚昆士兰州也有学者讨论智慧图书馆与智慧社区的建设关系。2004年，加拿大渥太华的一些图书馆和博物馆以及许多大学就组成了一个名为"智慧图书馆"的联盟，该联盟使用相同的搜索引擎为读者提供服务。2004年，国外研究人员发表了一篇关于国际智慧图书馆的研究论文，名为《智慧图书馆：强调科学计算的图书馆的SQE最佳实践》[2]，全球图书馆界对智慧图书馆的研究已经从技术转向服务、管理和社区建设，这是智慧图书馆的首要目标。

　　2005年以来，我国图书馆界也开始深化对智慧图书馆的研究与实践。2010

---

[1] 王世伟.论学术研究中第一手资料的特征及使用的若干问题[J].情报资料工作，2022，43（06）：104-109.

[2] 吴吉玲.数字图书馆与智慧图书馆比较研究[J].情报资料工作，2015，No.203（02）：43-45.

年，学者严栋发表了《基于物联网的智慧图书馆》[①]，他认为，利用新一代信息技术可以改变用户与图书馆系统信息资源的交互方式，提高透明度、灵活性和响应能力，实现图书馆智能化管理。2011年，学者董晓霞等发表了《智慧图书馆的定义、设计以及实现》[②]，阐述了智慧图书馆结合感知的智慧和数字图书馆服务的智慧。从2011年起，上海社会科学院信息研究所的王世伟先后发表了《未来图书馆的新模式——智慧图书馆》《论智慧图书馆的三大特点》《再论智慧图书馆》3篇文章，深入介绍了智慧图书馆的概念、内容和功能。

自2015年以来，智慧图书馆的研究取得了长足的进步，无论是参与研究的人员数量、发表文章的数量还是引用的文章数量都有了大幅度的增长。同时研究范围也更加广泛，研究内容更加深入、详细。有学者提出构建由"智慧社区系统""智慧经济系统""智慧学习系统"组成的公共文化综合服务平台，支持智慧城市社区、智慧经济、智慧学习等建设发展，为市民提供更加精细化、智能化的体验。有学者从智慧图书馆的概念和特点入手，提出了一个集成上下文感知的智慧图书馆服务个性化模型，分析了这种服务建模方法，并讨论了上下文感知在智慧图书馆中的使用，包括用户隐私和安全数据。这些学者的研究不仅从理论层面丰富和完善了智慧图书馆，同时在实践层面进行了规划设计，为智慧图书馆的建设提供各种研究资料。

图书馆从传统物理图书馆、数字图书馆、复合图书馆等阶段发展，目前正处于向智慧图书馆发展的转型期。从上述描述可以看出，我国对智慧图书馆的研究主要从2010年开始，研究成果逐年增加，主要方向可概括为：智慧图书馆的概念和特点、智慧图书馆平台系统的开发、智慧图书馆的智能化管理等。我国学者对智慧图书馆的概念有不同的看法，可归纳为三种类型：智慧图书馆模式说、图书馆智慧信息服务说、图书馆智慧形态说。根据过去图书馆发展的

---

① 严栋.基于物联网的智慧图书馆[J].图书馆学刊，2010，32（07）：8-10.
② 董晓霞，龚向阳，张若林，等.智慧图书馆的定义、设计以及实现[J].现代图书情报技术，2011，No.202（02）：76-80.

经验，学者们总结了智慧图书馆是一种集技术、资源、服务于一体的新一代智能服务和管理型图书馆模式。例如，有学者认为，智慧图书馆是利用新的信息技术改变用户与图书馆系统信息资源交互方式的一种智能服务和图书馆管理模式；一些研究人员提出智慧图书馆内涵主要体现在利用物联网、大数据等信息技术为图书馆用户提供智能服务。依托图书馆巨大的信息资源，优化和现代化信息服务，实现图书馆服务的智能化；有学者认为智慧图书馆是新一代信息技术下的新形式[①]。

2021年《中华人民共和国国民经济和社会发展第十四个五年规划和2035年远景目标纲要》中共提及"智慧"一词22次，在提供智慧便捷的公共服务方面，报告提出推进线上线下公共服务共同发展、深度融合，积极发展智慧图书馆等。[②]2021年3月8日，文化和旅游部等三部委联合发布《关于推动公共文化服务高质量发展的意见》，在主要任务中提出要加快推进公共文化服务数字化，加强智慧图书馆体系建设，建立覆盖全国的图书馆智慧服务和管理框架。[③]全国第六次公共图书馆评估指标设计中关于图书馆服务智能化、智慧化和智能机器人的应用全部是加分项，这反映出未来图书馆事业发展的方向。

第二节　智慧图书馆的特点

通过对不同文献的概括总结发现，有学者提出智慧图书馆的三个特点：互联是智慧图书馆的基础，性能是智慧图书馆的核心，方便是智慧图书馆的目

---

① 崔杰，张佰超.图书馆智慧化服务模式研究［M］.吉林：延边大学出版社，2021.
② 新华社.中华人民共和国国民经济和社会发展第十四个五年规划和2035年远景目标纲要［EB/OL］.［2021-03-01］.http://www.gov.cn/xinwen/2021-03/13/content_5592681.htm.
③ 文化和旅游部公共服务司.文化和旅游部国家发展改革委财政部关于推动公共文化服务高质量发展的意见［EB/OL］.［2021-03-08］.http://zwgk.mct.gov.cn/zfxxgkml/ggfw/202103/t20210323_923230.html.

标。也有学者认为综合感知、互联互通、绿色发展、智能服务与管理是智慧图书馆的四个特征，其中综合感知和互联互通是智慧图书馆的技术基础；绿色发展是智慧图书馆的可持续发展的根本；智能服务与管理是智慧图书馆的最终目的和最重要的特征。还有学者认为，智慧图书馆具有全局感知、高效互联、绿色发展和实用智能四大特征。总之，智慧图书馆的特点与其概念密不可分，智慧图书馆所依附的数字化、网络化、智能化也为其特点打上了烙印。智慧图书馆不同于数字图书馆，综合国内学者的观点，本书认为，智慧图书馆具有便利性、互联性和高效性三个特点。

一、便利性

智慧图书馆通过互联互通的网络，帮助馆员管理图书馆、用户使用图书馆以及给馆员和用户的生活和学习带来巨大的变化。智慧图书馆的便利性体现在无线覆盖，电信业的飞速发展对我们的工作和生活产生深远的影响，移动支付、新一代电子商务、新媒体、泛在式的信息服务等被越来越多的人使用，给人们带来的变化几乎深入各个领域。通过利用有线和无线网络，可以使图书馆真正实现泛在化，用户可以在手机和pad等移动终端上进行借阅、订座位、交流等活动。智慧图书馆比以往图书馆理念的个性化服务有了质的飞跃，它强调与用户互动，提供的服务是智慧化的、交互性强的个性化服务。

二、互联性

智慧图书馆的技术具有数字化、网络化和智慧化的特点，互联体现在全面感知、立体互联和深度协同。智慧图书馆通过各种传感器，使图书馆有了"皮肤"，可以感受到外部的变化。将传感器部署在设备终端或者馆里一些需要感知的环境中，使其可以感觉到外部的变化。例如，温湿度传感器可以用于对机房的监控和预警，RFID感应系统可以用于图书和文献的感知等。通过物联网连接的传感器范围非常广泛，包括手机、电脑、红外感应器、全球定位系统等。智慧图书馆是立体互联的图书馆，包括物理空间的互联（楼与楼、区域与区域等）、网络与网络之间的互联、人与人之间的互联（馆员之间、读者之间、馆员与读者之间等）、跨行业、跨部门的互联等。这些立体式互联使得图书馆成为一个有机融合的整体，保证了图书馆服务的深度和质量。智慧图书馆的深度协同体现在馆员与设备的协同、馆员与用户的协同、用户与设备的协同等，这些协同要有一定的机制，用以规范协同系统内各组成单元之间的关系，同时维护协同系统的正常运转。

三、高效性

智慧图书馆的高效性，不仅体现在管理的高效，还体现在服务的高效和资源配置的高效上。智慧图书馆就是要使得管理科学化，使馆内各组成部门高效运转，如促进设备的高效利用、提高馆员工作效率、提高图书馆整体服务能力等。智慧图书馆的高效服务，一是体现在根据用户需求，通过现代化的技术手段，提供最符合要求的信息资源，同时提供更深层次的、更专业的知识服务；二是要形成一个集群，用整体的力量来满足用户个性化的需求。智慧图书馆借助创新技术实现资源高效配置。从采购环节可以通过图书馆荐购系统对准读者需求；在资源组织环节，通过各类技术抽取知识单元，形成知识图谱。

第三节　元宇宙与智慧图书馆

1981年，美国数学家和计算机专家弗诺·文奇教授出版了一本名为《真实姓名》的小说，在小说中，他创造性地构思了一个人类意识可以通过脑机接口进入并获得感官体验的虚拟世界，这是关于"元宇宙"大众比较认可的思想源头。[1]1992年，美国科幻作家尼尔·斯蒂芬森在其科幻小说《雪崩》中正式提出了"元宇宙"这一名词，这本小说描绘了一个庞大的虚拟现实世界，人们在

---

[1] 张志君.关于"元宇宙"的几个问题［J］.教育传媒研究，2022（02）：17-23.

这里用数字化身来控制自我意识，并互相竞争以提高自己的地位[1]。

元宇宙的定义至今仍未有定论，专家学者们试图从多个角度阐述描绘其内涵，还未总结出一个具体凝练的定义。清华大学沈阳教授认为"元宇宙是整合多种新技术而产生的新型虚实相融的互联网应用和社会形态，它基于扩展显示技术提供沉浸式体验，以及数字孪生技术生成现实世界的镜像，通过区块链技术搭建经济体系，将虚拟世界与现实世界在经济系统、社交系统、身份系统上密切融合，并且允许每个用户进行内容生产和编辑"。[2]北京大学陈刚教授和董洁宇博士认为"元宇宙是利用科技手段进行链接与创造的，与现实世界映射与交互的虚拟世界，具备新型社会体系的数字生活空间"。[3]

准确地说，元宇宙不是一个新的概念，是在区块链技术、交互技术、电子游戏技术（游戏引擎、3D建模）、人工智能技术、网络及运算技术、物联网技术等新技术发展到一定阶段，对已存在的经典概念的具化，这些新兴技术为其实现提供了可能性。

一、区块链技术

区块链技术（Blockchain technology）起步于金融领域，是比特币最为重要的底层支撑技术，最早源于中本聪2008年11月1日发表在比特币论坛的一篇名为《比特币：一种点对点式的电子现金系统》[4]的文章。它是一种通过块链式数

---

[1] 白龙，骆正林.沉浸式网络、数字分身与映射空间：元宇宙的媒介哲学解读［J］.阅江学刊，2022：1-12.

[2] 中国大数据产业观察.2020-2021年元宇宙发展研究报告［EB/OL］.［2022-03-05］.http://www.cbdio.com/BIGDATA/2021-09/22/content_6166594.htm.

[3] 北京大学学者发布元宇宙特征与属性START图谱［EB/OL］.［2022-05-08］.http://it.gmw.cn/2021-11/19/content_35323118.htm.

[4] Satoshi Nakamotos.Bitcoin：*A peer-to-peer electronic cash system*［EB/OL］.(2016-05-06)［2019-01-12］.https://www.jdsupra.com/legalnews/bitcoin-a-peer-to-peer-electronic-cash-34287/.

据结构验证与存储数据，通过分布式节点共识算法生成与更新数据，通过密码学确保数据传输与访问的安全，通过由自动化脚本代码组成的智能合约编程与操作数据的全新分布式基础架构与计算范式。[1]与传统互联网依赖中心化的信息处理过程不同，区块链的一个重要特征在于它是一种多点（人）同时记录、实时更新、并按时间穿成链的去中心化记账方式（存储方式）。[2]

2015年，中国区块链应用研究中心首次在北京成立；2016年，我国发布《中国区块链技术和应用发展白皮书（2016）》[3]，将区块链列为国家重点关注技术；2019年10月24日，中共中央政治局第十八次集体学习中，习近平总书记强调"把区块链作为核心技术自主创新的重要突破口"，将同时具备开放、共享、安全、可信的区块链技术列为未来发展的重点。区块链所具有的发散性、透明性、安全性、防篡改以及可检索性，可以应用到图书馆的数字版权保护、智能服务升级、馆藏文献资源建设、读者服务和阅读推广等多个方面。专家认为它将实现从目前的信息互联网向价值互联网转变，是继互联网之后彻底改变我们生活的又一个颠覆性技术。[4]

NFT（非同质化通证，Non-Fungible Toke）是用于表示数字资产的唯一加密货币令牌，它是一种区块链数位账本上的数据单位，同时也是元宇宙中的基本组件元素，具有极强的流通属性与社交属性，也承担着基础服务的重要角色。每个NFT可以代表一个独特的数码资料，例如画作、声音、影片或其他形式的创意作品。NFT具有不可分割、不可替代、独一无二的特性，此外，还具有标

---

[1] 王发明，朱美娟.国内区块链研究热点的文献计量分析[J].情报杂志，2017（12）：69-74+28.

[2] 陈瑛.美国图书馆数字化建设新策略及新技术应用[J].图书馆研究与工作，2020（01）：80-83.

[3] 中华人民共和国工业和信息化部.中国区块链技术和应用发展白皮书(2016)[R].2016.

[4] 魏大威，董晓莉.利用区块链技术驱动国家数字图书馆创新升级[J].图书馆理论与实践，2018（05）：98-103.

准化、通用性、流动性、不变性、可编程等特点。NFT的功能主要应用于版权保护、资产数字化、资产流动性和元宇宙。当前，NFT主要应用于版权、数字藏品、金融、游戏等领域。

NFT在版权保护领域，具有很高的应用价值。在传统互联网时代，数字资源容易被无限复制并传播，著作权人被侵权后难以追踪侵权源头与使用方式。NFT具有独特性和不可复制性，可以通过时间戳、智能合约等技术支持进行版权登记，使得追究侵权问题相对容易。由于NFT的版权保护应用，使得艺术家将作品转化为NFT的形式，解决过去艺术品难确真、难确权、难确值、难溯源的问题。

资产数字化管理是将实体产业中的资产进行处理后，转变为NFT上传至区块链。例如，可将NFT进行拆分后进行抵押，在区块链的海量数据支撑下，相较传统贷款具有速度更快、验证效率更高的优势。由于去中心化的特性，NFT加速了资产的流动。传统资产受到监管、物流、交易效率等因素影响，流动速度较慢。目前，艺术家在NFT平台进行认证及作品授权后，可实现自由交易。未来各领域皆可实现完整的NFT形式的资产流动，能够促进各行业的数字化进程，如何防范NFT的安全风险是未来应用的挑战之一。

NFT在元宇宙中具有基础的重要作用，能应用于标准化身份识别标志、数字形象、金融体系。NFT可集成个人信息、教育信息、病例记录、通信地址等，将其数字化后存储于区块链上，可由个人掌握，在元宇宙应用中可以实现信息安全和去中心化。在元宇宙的社交中，数字形象是身份识别的一种形式，影响社交需求和社交意愿，例如，"无聊猿"是Yugo创造的头像类NFT藏品，每个藏品头像都具有独一无二的NFT。是公认的顶级NFT数字藏品项目之一。拥有者可以把它作为"无聊猿"游艇俱乐部的会籍，进入在线涂鸦平台The Bathroom进行交流互动，吸引了很多著名企业和各界名人争相购买。元宇宙内的金融体系也需要由NFT支撑用户资产的交易、抵押等功能。NFT是元宇宙中的重要数字资产。

数字藏品是近年来NFT应用较佳的领域。目前，国外的NFT商业化程度较高，国内的商业化程度正在逐步普及。NFT的主要收入来自艺术品拍卖、NFT产品收入、盲盒收入等。例如，数字艺术家迈克·温科尔曼（Beeple）的NFT艺术品《每一天：最初的5000天》在佳士得拍卖行以6935万美元成交；NBA推出球星正版高光集锦数字收集卡片，球星卡包含图文、多视角GIF或短视频，仅2021年一季度营收即达4900万美元。[①]近一两年以来，国内数字藏品交易平台陆续诞生，文旅、新闻机构联合行业头部企业推出具有中国传统文化特色的数字藏品，广受欢迎。腾讯于2021年8月上线数字藏品交易软件"幻核"，至少有20家上市公司推出数字藏品交易平台；阿里巴巴发布"刺客伍六七"和敦煌系列支付宝付款皮肤，推出杭州亚运会火炬"薪火"，是亚运会历史上首次发行数字特许商品；故宫推出《国潮故宫冰嬉图》系列NFT，以"盲盒"形式发售；河北省博物馆在支付宝的蚂蚁链上线馆藏国宝"长信宫灯"NFT数字藏品；河南省博物院推出数字藏品"妇好鸮尊"；北京国声京剧团推出京剧作品周边NFT。[②]NFT的价值潜力巨大，但存在一些风险。在监管、法律、政策、行业规范上，还需要较多探索。尤其是关于数字藏品的版权及所有权的司法解释不足，我国关于数字藏品和NFT领域的合规化问题等还需要探索。对于数字藏品的发售机构与平台，应当依据《著作权法》核实并确保所发售NFT版权合法，约定买售双方的权益，避免产生法律风险。

二、交互技术

随着信息技术的不断发展，人们对信息资源的获取方式变得更为挑剔，不再满足于传统的信息呈现方式，如打印输出、屏幕显示、声音播放等；而是希望能像身临其境般，通过视觉、听觉、触觉、嗅觉等多种感官体验当前的情

[①] 杨树.本体的活态保护——对电影作为现实"渐近线"的当代考察[J].艺术与设计(理论)，2022（06）：116-119.

[②] 邓建鹏，张祎宁.非同质化通证的法律问题与应对思考[J].民主与科学，2022（02）：48-51.

境,甚至是能及时发出指令,从而体验更具体、更真实、更详细的内容。图书馆作为情报信息中心,其发展与信息技术的不断发展息息相关。传统的图书馆服务模式不断变迁。读者希望能以多种方式获取图书馆的各种资源和服务,实现智能化、个性化的交互。因此图书馆的发展正走向数字化、虚拟化、智慧化。VR（Virtual Reality,虚拟现实）、AR（Augmented Reality,增强现实）、MR（Mixed Reality,混合现实）、裸眼3D及其他新一代显示和交互技术,将是图书馆实现由传统模式向现代模式转变的重要支撑技术。

（一）VR技术

VR又称虚拟实境或灵境技术。VR基于计算机技术为用户搭建一个虚拟的3D空间,并借助手柄、数字头盔等外部设备,使用户可与虚拟环境产生互动,让用户身临其境。[1]VR技术具有三个特点,分别为沉浸感、交互性与想象性,这也是虚拟现实技术的设计理念。[2]

VR是多种技术的综合,主要包括模拟环境、感知、自然技能和传感设备等方面。模拟环境是由计算机生成的、实时动态的三维立体逼真图像。感知是指理想的VR应该具有一切人所具有的感知。除计算机图形技术所生成的视觉感知外,还有听觉、触觉、力觉、运动等感知,甚至还包括嗅觉和味觉等,也称为多感知。自然技能是指人的头部转动,眼睛、手势或其他人体行为动作,由计算机来处理与参与者的动作相适应的数据,并对用户的输入作出实时响应,并分别反馈到用户的五官。传感设备是指三维交互设备。常用的有立体头盔、数据手套、三维鼠标、数据衣等穿戴于用户身上的装置和设置于现实环境中的传感装置,如摄像机、地板压力传感器等。[3]

未来,VR技术发展将与5G技术相结合。5G在传输上有两个特点:高带

---

[1] 申蔚.虚拟现实技术[M].北京:北京希望出版社,2002:1-2.

[2] 李志文,韩晓玲.虚拟现实技术研究现状及未来发展[J].信息技术与信息化,2005（03）:94-96.

[3] 姜学智,李忠华.国内外虚拟现实技术的研究现状[J].辽宁工程技术大学学报,2004（02）:238-240.

宽、高速率特性。其峰值理论传输速度可达每8秒1GB，比4G网络的传输速度快数百倍，这样的传输速度能有效解决VR/AR内容，尤其是8K及以上超高清内容的传输问题。只要在5G环境下，用相关VR设备下载或者加载一部蓝光级别、标准长度的电影只需要一分钟，同时改善用户的视听体验。5G标准的低延迟特点，也对VR这一对延迟极其敏感的技术提供了巨大支持，将有效解决VR头显时间延迟的技术问题。[①]

（二）AR技术

AR是将文字信息、照片图片、二维或三维的虚拟场景等数字内容叠加到现实场景中，以拓展用户的视觉。即现实不仅可以使用户同时观察到真实世界和虚拟世界，甚至能使用户以各种方式跟虚拟场景进行交互。通过罗纳德·阿祖玛（Ronald Azuma）对AR系统的定义[②]，AR技术具有三个特点：第一，结合了现实与虚拟环境；第二，使人与混合环境产生了实时的交互；第三，现实环境与虚拟环境在三维空间中叠加对齐。一个完整的AR系统一般包括显示设备、输入设备、跟踪设备和运算设备。即AR技术具备图像生成、互动交互、位置跟踪的功能。AR技术的应用是人机交互、计算机视觉、显示技术的集大成者。

目前，国外已较为广泛地应用AR技术。在游戏业，AR技术打造的真实虚拟混合环境颠覆了传统电子游戏的模式。博物馆、美术馆等文化机构均采用AR技术提升了用户体验。出版业已出版各类AR图书。广告、会展业在广告牌或展览中应用AR技术，极大地吸引了用户的注意力。随着AR技术的进步，谷歌、索尼、三星等各大电子厂商纷纷推出了消费级AR设备。近期被讨论较多的AR设备是Google Glass。Google Glass在与周围环境交互时，通过眼镜上的"微型投影仪"把虚拟图像直接投射到用户的视网膜，使用户看到叠加过虚拟图像的现

[①] 知乎.5G激发VR/AR发展新机遇［EB/OL］.［2020-04-28］.https://zhuanlan.zhihu.com/p/68741492?utm_source=wechat_session&utm_medium=social&utm_oi=1057662893633499136.

[②] AZUMA R, BAILLOT Y, BEHRINGER R, et al.Recent advances in augmented reality［J］.IEEE Computer Graphics & Applications, 2001, 21（06）: 0-47.

实世界。

目前，安全泛在、灵活智能的5G网络技术已经改变我们和移动设备的关系，为AR终端提供坚实支撑。典型的应用就是以高清视频、AR、VR为代表的大带宽业务。基于增强现实技术的5G+AR通信系统可广泛运用于工业制造、现场勘探、高精尖技术维修质检等涉及大规模现场作业的领域，实现智能化运维作业和流程管理。另外，5G与AR的结合将在智能制造领域碰撞出更大的潜能。5G+AR在智能制造过程中可清晰监控生产流程、进行生产任务分步指引等，例如手动装配过程指导、远程专家业务支撑、远程维护等。①

（三）MR技术

MR，又称Hybrid Reality，是一个较大的范围，它的两个边界分别是AR和AV（增强虚拟）。当显示的内容主要为虚拟世界的对象时，就是AV；当显示的内容主要为现实世界的对象时，就是AR。AR是将虚拟环境叠加到现实环境中，AV是将真实环境中的特性加在虚拟环境中。例如，手机中的赛车游戏与射击游戏通过重力感应来调整方向和方位，即通过重力传感器、陀螺仪等设备将真实世界中的"重力""磁力"等特性加到了虚拟世界中。②那么MR的定义可以是：将真实世界和虚拟世界混合在一起，来产生新的可视化环境，环境中同时包含了物理实体与虚拟信息，并且必须是"实时的"。MR的两大代表设备就是HoloLens与Magic Leap。

未来，MR技术也将越来越多地改变我们的生活。2019年3月，在西班牙巴塞罗那举行的"2019年移动世界大会"上，微软推出了最新的MR设备"HoloLens 2"③。与上一代产品相比，其分辨率和跟踪传感器功能得到了极大

---

① ChinaAR.终极扫盲：VR/AR/MR/CR究竟有啥区别？［EB/OL］.［2020-04-23］. https://www.chinaar.com/ARzx/130.html.

② 赵青,芦旭熠,张逸涵,等.虚拟现实在铁路安全教育的应用概述［J］.数据与计算发展前沿，2023，5（01）：104-114.

③ 百度.MR混合现实与VR/AR有何不同：它将改变未来生活［EB/OL］.［2020-04-30］. https://baijiahao.baidu.com/s?id=1645289443934021872&wfr=spider&for=pc.

改善，还可以扩展到许多媒体。HoloLens 2的目标是服务于建筑、医疗和制造等工业领域。比如，在建筑领域，美国软件公司Bentley开发了与HoloLens 2匹配的MR软件，可在镜头上显示要建造的建筑物和建设项目的甘特图。医疗领域正在使用MR进行"图像引导的微创手术"实验。医生佩戴HoloLens 2，能从实时显示的X射线数据和超声数据掌握患者身体的状态，并进行高精度的手术。有意思的是，MR甚至可以将触感、纹理和重量之类的真实世界信息与数字信息相结合。在未来，在汽车经销店，客户可以坐在新车里感受触感和气味的同时，体验到具有MR效果的实际驾驶感。

（四）裸眼3D技术

裸眼3D技术就是不需要任何辅助设备观看，就能够获得立体视觉效果的立体显示技术。[①]其原理是通过光学器件在显示屏幕上改变双眼视图的走向，使人的双眼能分别看到相对应的立体视图。人类的左、右眼观看现实世界时是有轻微的差异的，左、右眼从不同的视角会看到不同的图像，两只眼睛将分别看到的图像传输给大脑，人类的大脑就会将两幅图像进行信息融合，这时我们就可以获得三维视觉，也是我们看自然世界时会有深度感的原因。

因此可以得出，裸眼3D的定义是一种对显示效果的定义，即令人直接用双眼可以看到三维效果的技术。实现这种效果的技术分为全息显示方法和非全息显示方法两大类。全息投影技术（front-projecteel holographic display）是全息显示方法的一种。目前立体显示的非全息方法的技术主要有光屏障式（Barrier）技术、柱状透镜（LenticularLens）技术和指向光源（Directional Backlight）技术三种。

（五）全息投影技术

全息投影技术是利用干涉和衍射原理记录并再现物体真实的三维图像的记录和再现的技术，属于裸眼3D技术的一种。[②]该技术是全息摄影技术的逆向展

---

① 王婧.裸眼3D技术及其应用［D］.南昌：南昌大学，2012.
② 许秀文，薄建业，杨铭，等.浅析3D、全息、虚拟现实技术［J］.中国教育信息化，2011（13）：85-86.

示，本质上是通过在空气或者特殊的立体镜片上形成立体的影像。真正的全息投影技术有两个特点：第一是裸眼、无介质，影像在空气中立体呈现；第二是可以从任何角度观看到影像的不同侧面。

目前所看到的全息技术应用，往往并非严格意义上的全息投影技术，而是使用激光束投射实体的3D影像、边缘消隐、旋转LED显示技术等方法实现3D效果的一种"伪"全息投影技术。①目前较为接近真实全息投影技术的方法，分别是360度全息显示屏技术、空气投影技术、激光束投射技术。②其中360度全息显示屏技术最容易理解，它是将图像投射镜子上，再让镜子进行高速的旋转，从而产生3D的立体影像。空气投影技术则是利用水蒸气，将影像投射在水蒸气上，由于分子之间的震动不均衡，所以可以形成立体图像。激光束投射技术是最复杂的，它是利用氮气和氧气在空气中散开时混合成的气体，变成灼热的浆状物质并在空气中投射出3D影像，但这种技术显示的时间很短暂。在未来，全息投影技术将继续发展，可以成为在空气中真正实现被360度观察到的虚拟影像。

（六）新一代显示和交互技术

新一代显示技术里较为新颖的是可交互的透明屏。目前常见的触摸屏都是只能进行单面操作。而韩国科学技术院的一个研发团队，研发了一种叫做"透明墙"（TransWall）的屏幕③，其可以允许用户同屏幕的两面进行交互，因为屏幕的两面都可以使用，因此两个人可以同时进行协同工作。该"透明墙"看起来更像是嵌在T形边框的一个透明白板，这样用户就可以使用任何的一边屏幕，"透明墙"顶部两端均装有吊挂式投影仪，能够对屏幕前方的物体进行追

---

① 毛欣.连接、对抗、在场："云传播"时代的主播话语体系解构［J］.中国广播，2021（02）：49-51.

② 知乎.伪全息投影和真全息投影有什么区别？［EB/OL］.［2020-04-21］.https://www.zhihu.com/question/28266322/answer/297702209.

③ IT之家."透明墙屏幕"给触摸屏带来两面交互特性［EB/OL］.［2020-04-23］.https://www.ithome.com/html/it/94017.htm.

踪，屏幕则采用树脂材料打造。①框架中嵌入了两个远红外线传感器，可检测到用户的手势与触控位置，当用户同屏幕进行交互时，传感器先进行定位，然后通过相应的算法传至顶部的投影仪上，并最终实现交互。该技术有很多用处，可以用来玩游戏、涂鸦等，希望以后可以将其应用到更多的领域，例如教育、医学等。

通常谈到的交互技术主要包括多屏多点触控交互、语音互动技术、体感传感技术等在内的实现人与人、人与机器之间的双向互动交流技术。其中，体感传感技术也可称为动作识别或手势识别技术，是新一代交互技术里发展迅速的分支。

体感传感技术主要是通过光学感知物体的位置，加速度传感器感知物体运动加速度，从而判断物体所做的动作，继而进行交互活动。体感传感技术感知人体动作的设备主要分为两类：可穿戴式交互设备和自然手势交互设备。可穿戴式交互设备，是利用传感器采集人体运动参数，识别准确性和实时性较高，但舒适感较低。Kinect姿态传感输入设备，作为一种3D体感摄影机，能够依靠实时动态捕捉、影像识别、麦克风输入、语音辨识、社群互动等功能，让使用者得以摆脱附着式传感器等设备的束缚，直接通过自己的肢体来控制终端，以一种最自然的方式进行人机交互，即人机体感交互②。自然手势交互设备，第一种是利用外部辅助定位设备实现穿戴式设备交互，例如数据手套；第二种是不借助外部设备，仅靠视觉手势识别。对视频采集设备拍摄到的包含手势的图像序列，通过计算机视觉技术进行处理，进而对手势加以识别。与体感技术类似的还有脑机信息交互技术③。即利用BCI技术，先对大脑皮层的脑电信号进行收集，然后对该信号进行过滤和加工，通过信号控制及信息反馈机制来完成脑

---

① PConline.韩国成功研发出可交互操作的透明触屏![EB/OL].[2020-04-23]. https://smb.pconline.com.cn/507/5075536.html.
② 马寰.裸眼VR交互设计[J].包装工程，2018，39(18)：229-233.
③ 张炜宁，王春东.基于隐马尔可夫模型的非接触手势识别方法[J].天津理工大学学报，2021，37(06)：47-52.

机信息交互[①]。

在未来，交互技术应用将进一步广泛和深化。比如智能手机配备的地理空间跟踪技术，应用于可穿戴式计算机、隐身技术、浸入式游戏等的动作识别技术，应用于虚拟现实、遥控机器人及远程医疗等的触觉交互技术[②]，应用于呼叫路由、家庭自动化及语音拨号等场合的语音识别技术，对于有语言障碍的人士的无声语音识别，应用于广告、网站、产品目录、杂志效用测试的眼动跟踪技术，针对有语言和行动障碍人士开发的"意念轮椅"采用的基于脑电波的人机界面技术等[③]。

三、电子游戏技术

电子游戏是指一切依赖于电子设备平台运行的交互式游戏。按运作媒体分为五大类：主机游戏(Xbox、PS4等)、掌上游戏(NS、Switch等)、街机游戏、电脑游戏和手机游戏，这已成为当今大多数人的文化活动之一。因为元宇宙是需要AR、VR等设备进入虚拟场景的，而且AR、VR等设备大多用在游戏上，因此，目前元宇宙首先发展的是游戏[④]。

电子游戏技术主要有游戏引擎、3D建模、实时渲染三个部分。其中最主要的技术就是游戏引擎，顾名思义就是用来制作游戏的，它是一种软件架构，主要用来开发视频游戏，一般都包含了相关的库和支持方案。一个游戏引擎也可以是用这个架构开发的软件，通常提供一组游戏开发工具和功能。游戏开发

[①] 李晨熙，孟庆春，鄂宜阳，等.脑机信息交互技术综述[J].电脑知识与技术，2019，15（03）：184-185.

[②] 姜彪，李荣正.基于动态手势的人机交互系统的研究与设计[J].计算机测量与控制，2017，25（08）：203-205+217.

[③] 卢振利.本科课程"人机交互技术"教学改革[J].电气电子教学学报，2022，44（02）：91-94.

[④] 王际川.元宇宙——打造"一切皆有可能"的新世界[J].农村青少年科学探究，2022（01）：3-6.

者可以用游戏引擎来制作游戏。游戏引擎提供的核心功能通常包括2D或3D图形绘制引擎、物理引擎或碰撞检测、声音、脚本、动画、人工智能、网络、流媒体、内存管理、线程、本地化支持、场景图、过场动画等。一个游戏引擎的实现经常会调用、修改同一个游戏引擎，或者帮助把游戏移植到多个平台上，这可以节省游戏开发时间。常用的游戏引擎是Epic Games和Unity，其中Unity占据全球游戏引擎45%的市场份额。从2021年开始，因游戏引擎中可构建虚拟人物这一特点被大众所知，随之而来许多围绕虚拟人物构建的经济体系便应运而生。

3D建模就是利用三维软件制作三维的模型，一般用于房地产楼盘设计、展览策划等领域，看起来和元宇宙毫无关联，实则每一个元宇宙的场景搭建都需要先设计出基础设计，就像我们在现有的2D环境中需要用PS等工具进行海报制作一样，3D建模也是如此，我们身边的很多功能都由"PS+AI"生成，例如美颜功能、一键抠图功能等，但随着二维的空间已经遇到了无法扩展的瓶颈，人们开始探寻更加真实、立体的设计工具，3D建模便成为当下最好的选择，同时随着国家对各类创作者的扶持及学习成本的降低，3D建模成为了时代刚需，也成为了元宇宙不可或缺的要素。

实时渲染就是计算机把每一帧数据渲染成一幅画面，然后呈现在屏幕上，给设计者更好的体验。仍然以PS举例，很多设计师都是先拿比例做一个白板，再开始做图，但其实他们并不了解这些设计出来的样品要以什么形式打印，放在实体环境当中如何，这就造成了有时会出现尺寸偏差、设计师现场改图的情况；还有视频剪辑，一部1个小时的电影在工具中制作完成后的平均渲染时间需要2~3小时，而在此期间内，如果继续使用电脑上其他功能使得电脑负载过大，可能会导致宕机重新渲染，实时渲染则很好地解决了以上问题。

四、人工智能技术

"人工智能"一词最初是在1956年达特茅斯（Dartmouth）学会上提出的。从那以后，研究者们发展了众多理论和原理，人工智能的概念也随之扩展。从概念提出至今60余年里，人工智能在技术、算法、应用方面不断取得突破性进展[①]，2016年可谓是AI商业化崛起的"黄金年"，谷歌、微软、百度等互联网巨头，还有众多的初创科技公司，纷纷加入人工智能产品的战场，掀起又一轮的智能化狂潮，而且随着技术的日趋成熟和大众的广泛接受，这一轮狂潮也许会架起一座现代文明与未来文明的桥梁[②]。2017年，AI技术实现了产业落地。在人工智能、大数据、云计算、信息安全等领域我们已具有一定的技术实力，叠加多项政策出台推动人工智能产业在我国快速发展，人工智能场景正在逐步落地。2019年，我国人工智能技术在金融、交通、安防等领域的渗透率快速提升。《达摩院2020十大科技趋势》里指出只要人工智能2.0取得认知突破，未来人工智能热潮将会进一步打破天花板，形成更大的产业规模。目前人工智能在机器人、神经网络、模式识别以及专家系统方面都一直处于不断增长的趋势，取得了令人瞩目的成果。

（一）专家系统

专家系统（Expert System，简称 ES）是具有相当于专家知识和经验水平以及解决专门问题的能力的计算机系统，是人工智能应用研究最活跃和最广泛的应用领域之一[③]。专家系统是第一批真正成功的人工智能（AI）软件，它被设计为通过推理知识来解决复杂的问题，主要表现为通过IF-THEN规则而不是通过传统的程序代码解决问题。第一个专家系统在20世纪70年代创建，在20世纪80年代兴起。专家系统能够高效、迅速、准确地工作，突破时间和空间的限制，进行有效推理决策，解决那些只有专家才能解决的高难度的复杂问题。主要在医疗、交通、家居等综合性领域应用，其中研究最多而且卓有成效的要数医学专家系统。而研制实用的、高性能的专家系统是当前人工智能研究的一项

---

① 雷琴，胡静，魏丽敏.专利视角下人工智能技术发展态势研究［J］.四川图书馆学报，2021，No.241（03）：28-33.

② 人工智能第一次商业落地：风云再起，产业爆发［J］.电子元器件与信息技术，2018，2（02）：48-52.

③ 田金萍.人工智能发展综述［J］.科技广场，2007（01）：230-232.

主要任务[1]。随着计算机网络技术的不断发展和多媒体技术的突破，专家系统的研究势必更加深入并取得突破性进展。

（二）神经网络

人工神经网络开始于20世纪80年代，随着计算机技术的大力发展以及研究者们不断对算法进行优化改进，其以惊人的处理速度和较强的容错能力，表现出良好的智能化。神经网络已被用于解决使用普通的基于规则的编程难以解决的各种各样的任务，如计算机视觉和语音识别，且成功率已达到百分之八九十。人工神经网络与其他技术组合产生模糊神经网络，广泛应用到医学图像处理与分析各领域[2]。在像素化图像方面，随着图片模糊程度增加，神经网络的成功率会降低，但仍然能够达到50%~75%的成功率[3]。神经网络计算科学领域与生物神经系统理论分析和计算建模相关，为此神经科学家正在观察生物过程（数据）、神经处理和生物似然机制（生物神经网络模型），努力建立统计学习理论和信息理论之间的联系，使得人工神经网络技术能够迈向新的台阶。

（三）模式识别

人工智能方法在模式识别、数学逻辑等领域同样广泛运用。模式识别主要是对已知数据样本中的模式和规则进行识别和提取，通常旨在为所有可能的输入提供合理的答案，并考虑到它们的统计变化来执行输入的"最可能"匹配[4]。通过计算机来对文字、图像、声音、物体等进行模式的自动识别，是智能机器开发的关键点。目前模式识别的识别速度快、识别效率和精度也比较

---

[1] 方毅.嵌入式仪表设计专家系统推理机设计与实现［D］.杭州：浙江大学，2006.

[2] 李清梦，聂生东.神经网络技术及其在医学图像处理中的应用［J］.中国医学影像技术，2011（06）：1291-1294.

[3] 中关村在线.在图像识别上隐私技术面临人工智能的挑战［EB/OL］.［2016-11-25］.http://news.zol.com.cn/604/6044346.html.

[4] 郭成涛，李檬.人工智能发展中的问题思考及其研究现状［J］.科技视界，2017，No.189（03）：71-72.

高，但主要还是无监督学习，人为构造算法的成分比较大。

（四）机器学习与深度学习[①]

机器学习作为人工智能研究的一个核心领域，它可以让计算机通过经验不断提高自身性能，在未事先明确编程的情况下做出正确反应。现代机器学习是一个始于大量数据的统计学过程，试图通过数据分析导出规则或者流程，用于解释数据或者预测未来数据。总之，机器学习能够使计算机依据统计学方式，自行寻找在实践中发挥功效的决策流程，并最终解决问题。

随着机器学习研究的不断深入，深度学习作为机器学习领域一个新兴研究方向，逐渐成为研究者关注的焦点。深度学习是一种高效的特征提取方法，通过提取数据中更加抽象的特征，从而实现对数据更本质的刻画。深度学习已经被Google、Facebook、IBM、百度、NEC以及其他互联网公司广泛使用，来进行图像和语音识别。互联网业务的快速发展，为深度学习提供了上百万的样本来进行训练，目前语音识别技术和图像识别技术能够达到90%以上的准确率。

（五）自然语言处理

自然语言处理主要是让计算机理解人类的自然语言，以实现用自然语言与计算机进行交流。自然语言处理研究的内容包括：如何让计算机正确回答用自然语言提出的问题；如何使计算机根据输入的文本生成摘要；怎样使计算机根据不同的词语和句型，对输入的自然语言信息进行复述以及进行语言翻译等。

（六）生物识别技术[②]

生物识别技术就是，通过计算机与光学、声学、生物传感器和生物统计学原理等密切结合，利用人体固有的生理特性（如指纹、脸像、虹膜等）和行为特征（如笔迹、声音、步态等）来进行个人身份的鉴定。根据IBG

[①] 闫志明，唐夏夏，秦旋，等.教育人工智能(EAI)的内涵、关键技术与应用趋势——美国《为人工智能的未来做好准备》和《国家人工智能研发战略规划》报告解析［J］.远程教育杂志，2017，35（01）：26-35.

[②] 白慧冬.金融行业生物特征识别技术应用方案分析［J］.金卡工程，2007，No.134（06）：37-42.

（International Biometric Group，国际生物识别小组）统计结果，市场上已有多种针对不同生理特征和行为特征的应用。其中，占有率最高的是指纹识别，人脸识别技术近些年也有了较大的发展。

五、网络及运算技术

移动通信深刻地改变了人们的生活，为了应对未来爆炸式的流量增长、海量的设备连接和不断涌现的新业务新场景，第五代移动通信系统应运而生。与2G萌生数据、3G催生数据、4G发展数据不同，5G是跨时代的技术，5G除了更极致的体验和更大的容量，它还开启了物联网时代，并渗透进至各个行业。它将和大数据、云计算、人工智能等一道迎来信息通信时代的黄金10年。

5G的全称是第五代移动通信技术。最早由欧盟在2013年2月提出，同时专门拨款以加快5G移动技术的发展和研究，并计划2020年推出相对成熟的技术标准。2017年12月，我国发改委发布《关于组织实施2018年新一代信息基础设施建设工程的通知》，该通知计划到2018年的时候，有不少于5个城市和地区可以开展5G规模组网试点[①]，同时，对于5G基站的数量要求不少于50个。随着我国华为等通信企业的不断发展，5G技术在我国得到了稳步推进，其发展态势处于快速上升的阶段。2018年，我国工信部正式向外界宣布为中国电信、中国移动、中国联通三大运营商发放5G系统中低频段试验频率，这一举动进一步推动了我国5G产业链的成熟与发展。在2019年6月，我国工信部更向中国移动、中国电信、中国联通三大运营商发放相关的5G商用牌照，促进了中国5G商用落地，随后，三大运营商也公布相应的5G套餐[②]。在2019年10月，我国各个城市纷纷出现了使用5G技术的用户。2020年3月，工信部发布关于推动5G加快发

---

① 高芳，赵志耘，张旭，等.全球5G发展现状概览[J].全球科技经济瞭望，2014（07）：59-67.
② 王佳，李卓，杨柳，等.5G移动通信发展趋势与关键技术的探讨[J].中国信息化，2017（08）：52-54

展的通知,全力推进5G网络建设。2021年7月,工信部、中央网信办、国家发改委等十部门联合印发《5G应用"扬帆"行动计划(2021—2023年)》提出到2023年我国5G应用发展水平显著提升,综合实力持续增强[1]。

5G的发展应用目前主要体现在以下三个方面:一是万物互联,5G技术的应用为万物互联的实现提供了技术条件和平台环境。物联网作为5G通信的重要基础,将主推各行各业中的应用领域互相实现深度融合,智能交通、智能家居和无线医疗均将在未来彻底实现互联;二是云端化,5G的引入使得云端计算渗入到人们的日常工作之中,虚拟现实和视频云端服务也将通过大数据分析平台为人们的工作带来助力;三是智能交互,5G时代下,要求时间精准、网速超快的领域迎来了快速发展。5G在虚拟现实、无人驾驶、远程医疗等领域将助推其实现飞速发展[2]。

云计算是一种利用互联网实现随时随地、按需、便捷地使用共享计算设施、存储设备、应用程序等资源的计算模式。如今越来越多的应用正在迁移到"云"上,将应用部署到云端后,可以不必再关注那些令人头疼的硬件和软件问题,它们会由云服务提供商的专业团队去解决。使用的是共享的硬件,这意味着人们可以像使用一个工具一样去利用云服务(就像插上插座,你就能使用电一样简单)。只需要按照你的需要来支付相应的费用,而关于软件的更新、资源的按需扩展都会自动完成。基于云计算的图书馆大数据存储的实现,满足了现代社会发展形势下图书馆数据资源存储的多样化需求,资源可控程度较高且存储的安全性更强,数据信息资源扩展更为便捷高效,同时在保证图书馆大数据存储可靠性的同时,为基于云计算的图书馆大数据处理和分析奠定了坚实的基础。大数据处理是基于云计算的图书馆大数据服务中的一项重要内容。知

---

[1] 中央网络安全和信息化委员办公室.十部门关于印发《5G应用"扬帆"行动计划(2021-2023)》的通知[EB/OC].[2021-7-13].http://www.cac.gov.cn/2021-07/13/C-1627761596690207.htm

[2] 王波.5G时代传统图书馆面临的挑战、机遇及应对策略[J].图书馆研究,2020(01):29-35.

识经济时代，数据信息呈现出海量化、复杂化的特征，这对大数据处理的时效性提出更高的要求。

大数据时代图书馆中蕴含着丰富的数据信息，云计算与大数据技术的紧密融合为图书馆大数据服务提供了可靠的技术支持，有助于促进现代图书馆服务创新。因此在图书馆大数据服务中，应基于云计算出发，对图书馆大数据进行规范存储、处理和分析，获取精准可靠的信息资源，并将其科学地应用于图书馆服务中，为社会群体提供便捷、高效的数据资源服务，全面提高图书馆大数据服务水平[①]。

六、物联网技术

物联网（Internet of things）是新一代信息技术的重要组成部分，也是"信息化"时代的重要发展阶段。物联网是物物相连的互联网：物联网的核心和基础仍然是互联网，是在互联网基础上延伸和扩展的网络；其用户端延伸和扩展到了任何物品与物品之间，进行信息交换和通信，也就是物物相息。物联网通过智能感知、识别技术与普适计算等通信感知技术，广泛应用于网络的融合中，也因此被称为继计算机、互联网之后世界信息产业发展的第三次浪潮。

在物联网应用中有三项关键技术：一是传感器技术，这也是计算机应用中的关键技术。目前为止绝大部分计算机处理的都是数字信号，因此需要传感器把模拟信号转换成数字信号后，计算机才能处理。二是RFID标签，即融合了无线射频技术和嵌入式技术为一体的综合技术，RFID在自动识别、物品物流管理等领域有着广阔的应用前景。三是嵌入式系统技术，是综合了计算机软硬件、传感器技术、集成电路技术、电子应用技术为一体的复杂技术。经过几十年的演变，以嵌入式系统为特征的智能终端产品随处可见，嵌入式系统正在改变着

---

① 张国祥.基于云计算的图书馆大数据服务探究［J］.江苏科技信息，2018（09）：24-26.

人们的生活，推动着工业生产以及国防工业的发展[①]。近年来，博物馆、美术馆、图书馆等公共文化服务机构也逐渐感受到物联网技术的魅力。由于物联网具有全面感知、可靠传输、智能处理等优势，许多单位将其作为预防性保护贵重藏品、对藏品环境进行实时监管的重要技术手段之一。

根据预测，到2025年，中国物联网设备连接总数突破150亿个[②]。随着5G商用的到来，泛在的高密度低延时连接能力将推动物联网连接数的快速增长。泛在物联网是物联网和互联网、移动互联网、产业互联网融合后产生的人、机、物全时空互联的网络，包含无线传感网、自组网、电子标签网、边缘节点、低功耗广域网、物联平台，具有全面感知、要素互联、信息共享、数据驱动、互联生态等特点。泛在物联网的发展将推动传感技术的普及化、连接技术的融合化、计算技术的泛在化。

物联网与移动互联网融合催生的智能手环、智能音箱、智能门锁、共享单车等消费物联网应用推动了智慧生活普及；物联网与电子政务网融合催生的智慧消防、智慧杆、智能垃圾桶、智慧停车等城市物联网应用推动了智慧城市建设；物联网与配电输电网融合催生的智能电表、充电桩、智能电网、智慧变电站等电力物联网应用推动了智慧能源发展；物联网与交通路网融合催生的智能红绿灯、智能卡口、智能网联汽车等交通物联网应用推动了智慧交通发展。物联网与各产业互联网融合，将产生更广泛的物联网应用，提升生产生活的便利性。

未来，物物互联将会是新一代移动互联网的主要增量。物联网设备中记录了含有用户隐私的海量数据，数据安全隐患也更加突出。物联网安全和隐私保护标准和监管机制将日益完善。覆盖物联网端到端应用场景的简便实用的内生

---

① 知乎.什么是物联网？其发展前景如何？［EB/OL］.［2022-03-04］.https://zhuanlan.zhihu.com/p/475713987.

② 中研网.2025中国物联网设备连接数量150亿个［EB/OL］.［2023-01-01］.https://www.Chinarn.com/hyzx/20231101/.633841580.shtml.

安全技术将加速出现。如各种低成本可信数字身份芯片，智能设备指纹技术，基于可信计算的安全启动，采用内核进程签名校验机制阻断恶意进程安装运行技术、物联网设备激活自动密码重置、轻量级组合加密技术、零信任数据安全技术等，让万物智联的未来世界更安全，更可信。

第四节 我国智慧图书馆理论研究现状

笔者对中国知网（CNKI）期刊数据库中公共图书馆智慧化的相关学术论文进行采集、筛选、归类和分析，研究发现目前国内公共图书馆关于智慧图书馆的研究主要体现在资源、技术、馆员、服务、空间等方面[①]。

一、智慧图书馆的馆藏资源建设新模式

图书馆作为向社会公众提供信息和终身教育的公益性文化机构，其馆藏资源的质量直接影响到馆藏价值的发挥，所以无论图书馆发展到何种阶段，馆藏资源建设都应该是图书馆工作的核心。在资源采购方面，张馨允[②]提出可以通过读者决策采购和图书馆荐购系统实现文献资源采购对准读者需求；通过RFID管理系统实现实体馆藏采编、排架、流通等业务流程的优化；通过知识发现、大数据等技术实现虚拟馆藏管理的智慧化，针对读者偏好和个性化信息定制服务。在资源管理方面，肖莉杰[③]提出智慧图书馆利用信息技术将年代久远的纸质资料扫描传输，既扩大了阅读群体，又增加了资料阅读和使用率，使特色资

[①] 徐晓辰.我国公共图书馆界关于智慧图书馆的研究初探：2021年国家图书馆青年学术论坛论文集［C］.北京：国家图书馆出版社，2021.

[②] 张馨允.智慧图书馆背景下的馆藏资源建设探究［J］.兰台世界，2016（01）：58-60.

[③] 肖莉杰.大数据背景下智慧图书馆馆藏资源建设对策研究［J］.传播力究，2019，3（05）：250-251.

源推广更加便利；智慧图书馆通过24小时展示特色馆藏资源的方式，实现远程移动借阅查询功能和个性化服务，提高读者使用积极性；智慧图书馆运用语义分析和数字仓储等知识服务，实现科研数据、科研资料的归类分析与共享发布；智慧图书馆在对馆藏开发利用的过程中可以围绕特色馆藏的保护、整理、开发、利用来拓展图书馆的职能。而在资源开发方面，索传军[1]、张继东[2]等业内专家积极探索在叙词表的基础上构建学科领域本体，实现本体论在网络环境下进行丰富的语义检索，从而让文献成为机器可读信息的功能。在此基础上，结合文字识别、语音识别、图像识别、自然语言处理、情感分析等人工智能技术，对学科权威文献进行内容标注与解构，抽取知识单元，构建实体与概念间的关联，形成知识图谱，应用于知识检索、可视化呈现检索结果、个性化知识网络、知识分析和推理等方面，真正实现文献数字化到数据化的飞跃。

二、智能技术手段在智慧图书馆的应用

图书馆的进步和转型离不开科学技术的创新，图书馆想要在新时代为读者提供更加完善的知识服务，必须借助各种高新科技手段，推动智慧图书馆的建设。李仕超、高振[3]提出将AR技术与传统馆藏资源相结合，提供多元化的馆藏资源，在现实场景中融入音视频、动画等形式，让用户足不出户就可以获取相关知识；将AR技术与知识发现技术相结合，实现馆藏资源的知识化和网络化；在AR技术的推动下提供智能交互式检索、可视化检索和个性化推荐；同时AR技术还可以实现智能导览、智慧咨询等服务。杜杨芳等[4]提出利用虚拟现实技

---

[1] 索传军,盖双双.知识元的内涵、结构与描述模型研究[J].中国图书馆学报,2018,44(04):54-72.

[2] 张继东,余以胜.利用叙词表构建本体的方法研究[J].图书情报知识,2006(04):82-85.

[3] 李仕超,高振.AR技术在智慧图书馆中的应用探析[J].信息技术与标准化,2020(Z1):83-86.

[4] 杜杨芳,曹阿成,彭博,等.虚拟现实技术在智慧图书馆中的应用[J].兰台内外,2021(07):63-65.

术（VR）为智慧图书馆用户提供沉浸式的空间体验、混合现实式的环境体验、参与式的学习体验、身临其境的阅读体验等特色体验，并实现信息资源检索便捷化、馆藏资源虚拟化、资源利用最大化、读者服务智能化、用户体验个性化、信息交流多元化及用户培训便利化等服务。傅云霞[①]提出人工智能可助力智慧图书馆馆藏数字资源的深度整合、智慧图书馆数字资源的智慧检索、智慧图书馆系统分析与管理、智慧图书馆网络安全管控以及打造智慧咨询馆员等。陈小平[②]认为区块链技术可以助力图书馆智慧服务管理体制、机构库建设，以及知识交易模式的转变，满足读者对馆内设备空间使用与网络学习交流平台的智慧服务需求，也是实现图书馆服务以读者阅读需求为中心的捷径。宋兴辉[③]发表文章提出了利用RFID无线射频识别技术为读者提供自助服务、图书智能盘点、图书智能定位、智能安全防盗等服务。苏志芳等[④]提出了以FOLIO为基本架构的智慧图书馆服务平台，在图书馆、读者、数据库商、出版商等需求的牵引下，构建一个共建共享、开放融合的知识数据服务平台。李菲菲等[⑤]阐释了深度学习技术可以推动智慧图书馆了解读者需求、提升智慧图书馆信息检索能力，提高智慧图书馆隐私安全保护、提升智慧图书馆日常工作效率等在图书馆服务中的应用价值。针对读者的识别和分类，刘路[⑥]提出了基于深度学习的

---

① 傅云霞.人工智能在智慧图书馆建设中应用研究［J］.图书馆工作与研究，2018（09）：47-51+79.

② 陈小平.区块链技术在图书馆智慧服务中的应用研究［J］.现代情报，2018，38（11）：66-71.

③ 宋兴辉.基于RFID技术的智慧图书馆应用探索——以深圳智慧图书馆为例［J］.出版广角，2020（03）：85-87.

④ 苏志芳，等.基于FOLIO的智慧图书馆服务平台设计研究［J］.资源信息与工程，2021，36（01）：154-160.

⑤ 李菲菲，何柯，王喜.深度学习技术在智慧图书馆建设中的应用研究［J］.内蒙古科技与经济，2020（22）：157-159.

⑥ 刘路.智慧图书馆读者人群识别分类方法［J］.四川图书馆学报，2021（01）：45-47.

人脸识别研究对有效读者、非有效读者以及读者感兴趣方向进行分类，同时还可以对潜在读者进行识别。在当前第四次工业革命的浪潮下，随着物联网、大数据、人工智能、云计算等技术的兴起，必将实现图书馆智慧化变革的快速来临。

三、智慧图书馆人才队伍建设的重要性

新时期图书馆最主要的矛盾就是"信息化快速发展与馆员职业能力滞后的矛盾"[1]。在公共图书馆的建设过程中，人才队伍建设是第一要素，公共图书馆的智慧化服务对馆员的综合能力提出了新的要求。初景利、段美珍[2]在《智慧图书馆与智慧服务》中提出需要及时引进不同学科结构和专业能力的人才，对图书馆员队伍进行补充和配置，建立包括学科馆员、数据馆员、交流馆员、OA馆员、出版馆员、智库专家和智慧馆员等新型人才队伍，重视馆员技术能力的培训，通过制定培训制度和设置培训课程、建立激励制度等方式进一步培养馆员利用智能技术为用户提供服务的能力，从而更好地适应新时代的发展需求。万仁莉[3]强调高素质人才队伍是图书馆做好智慧服务的保障，并提出通过长效的培训机制与人才引进和选拔机制、完善图书馆岗位管理和考核机制等方式来培养智慧图书馆员。唐乐[4]提出了智慧馆员需要具备网络技术应用能力、服务与创新意识、协作与沟通能力、大数据应用分析能力、认知与适应能力、

---

[1] 陈有志，等."创新与发展：新时代的图书馆与图书馆学"高端论坛会议综述[J].大学图书馆学报，2018，36（03）：5-13.

[2] 初景利，段美珍.智慧图书馆与智慧服务[J].图书馆建设，2018（04）：85-90+95.

[3] 万仁莉.智慧图书馆人才队伍建设初探[J].科技情报开发与经济，2015，25（02）：6-8.

[4] 唐乐.智慧服务视域下智慧馆员培养与队伍建设研究[J].传媒论坛，2020，3（22）：109-111+113.

主动服务能力及跨学科学术研究能力。李伟超等[①]提出智慧馆员应具备信息分析能力、数据挖掘能力、网络安全洞察和维护能力、熟练掌握信息技术和智能化设备能力、应对新知识快速吸收和自主创新能力。着力提高馆员的综合能力，培养适应新信息技术环境下的智慧馆员，掌握建造智慧图书馆所应具备的理论知识和实践能力，在公共图书馆加快自身智慧化建设、实现智慧化理念落地的过程中具有极其关键的决定性作用。

四、智慧服务打造个性化服务模式

智慧服务是智慧图书馆的核心，李艳娜[②]认为智慧图书馆的服务模式是指运用数字资源、智能化设备感知用户数据，然后通过数据分析判断用户需求，最后由智慧馆员完成专业化、个性化服务，具体包括以下三个特点：①服务环境泛在化；②感知交互能力强；③更加快速准确地提供决策服务。刘凤光[③]提出智慧图书馆可以为用户提供三种服务，分别是借助数字技术和网络技术提供的智能型服务、在数据统计与分析和数据挖掘的技术支撑下为用户提供的知识性服务、为读者提供的理念性服务。曾子明、金鹏[④]提出智慧图书馆个性化的智慧服务主要包含的两个方面，一是智慧图书馆打破了时间和空间限制，读者在任何时间、任何地点，通过任何方式都可以获得图书馆相关的知识服务；二是借助数据挖掘、云存储、云计算等大数据处理技术对用户信息进行收集，通过用户借阅习惯，主动提出其所需要的知识服务，从而为读者提供个性化的服

---

① 李伟超，等.近十年我国智慧图书馆研究综述［J］.现代情报，2018，38（03）：171-176.
② 李艳娜.智慧图书馆建设和智慧馆员培养探析［J］.漯河职业技术学院学报，2020，19（01）：85-87.
③ 刘凤光.浅谈智慧图书馆的构建及智慧服务研究［J］.价值工程，2019，38（36）：96-97.
④ 曾子明，金鹏.智慧图书馆个性化推荐服务体系及模式研究［J］.图书馆杂志，2015，34（12）：16-22.

务方式。李春秋[①]发表了《基于用户画像的智慧图书馆个性化服务研究》，他认为智慧图书馆的发展趋势是以用户需求为根本，通过对用户画像的构建，以及对用户阅读和检索习惯的动态调整，通过阅读推荐和检索推荐两种方式为用户提供个性化、定制化、智慧化服务。综上而言，公共图书馆作为重要的公共文化服务机构，应该秉承以人为本、服务至上的原则，在智慧化资源、技术和设备的加持下，最大程度地获取用户各类信息，逐步实现用户画像的精细化，提供个性化、定制化、嵌入式的服务，并根据用户信息动态调整服务策略，最终将图书馆文献资源及各类服务与读者生活、学习、工作、科研等场景完美适配，有机融合。

五、智慧空间再造带来全新用户体验

国内进行图书馆空间再造研究的起步较晚，邵波在2018年首次提出"智慧空间"的概念，并认为图书馆智慧空间是继图书馆创客空间后新的发展方向[②]。赵彦敏[③]提出图书馆一是可以通过物理空间的增加，建立"图书馆+街区"、"图书馆+城镇"、"图书馆+企业"、新技术体验空间等模式，通过空间布局的再造，将创客空间、艺术厅、休闲娱乐厅、技能培训中心等引入图书馆；二是通过网络虚拟空间的再造，创建特色数字馆藏资源库；三是空间再造的后续服务，通过遍布馆内的各类型感受器，实现温湿度系统、照明系统、色彩控制系统的智能化从而满足读者对图书馆空间视觉和感官的舒适体验，采用VR/AR/DT等技术在虚拟空间中动态、立体地模拟呈现展示古籍善本等来进行

---

① 李春秋.基于用户画像的智慧图书馆个性化服务研究［J］.阜阳职业技术学院学报，2020，31（04）：69-72.

② 单轸，邵波.图书馆智慧空间：内涵、要素、价值［J］.图书馆学研究，2018（11）：2-8.

③ 赵彦敏.基于"智慧城市"建设的"智慧图书馆"空间再造探究［J］.产业与科技论坛，2021，20（04）：38-40.

智慧图书馆空间再造。吴文倩[①]提出了新技术背景下智慧图书馆空间再造的三大趋势，即信息共享空间、学习共享空间、创客空间，其中信息共享空间是由数字资源、纸质资源、数据库等多种信息资源整合而成的，包括休闲空间、学习空间、交流空间、咨询空间和体验空间等；学习共享空间是可以满足个人学习或小组合作研讨学习的专业化和多元化的平台；创客空间是一个旨在为读者提供分享有关科学、技术、数理、文学、艺术等方面可以互相合作和动手实践的平台。随着文献的全面数字化、5G时代网络运力的质变、数据算力的飞跃提升以及云计算的日趋成熟，文献资源将进一步脱离物理空间的限制，图书馆泛在化趋势日益明显。在此环境下，图书馆应主动求变，打破传统的物理空间布局，弱化文献对于空间布局的影响，更多地考虑用户和服务，赋予图书馆公共空间更多的使用功能，并结合智能设备和技术打造智慧空间、多元空间、服务空间，使图书馆物理空间在数字化、网络化、信息化普及的时代仍能保持其强大的生命力和吸引力。

第五节　我国公共图书馆关于智慧图书馆的实践探索

国内公共图书馆在智慧化进程中积极探索和尝试，随着细颗粒度标引、知识图谱、综合智慧空间等概念和技术的发展，越来越多的图书馆投入到智慧图书馆的建设中来，共同推动图书馆在资源建设、读者服务、空间利用等方向全方面的智慧化。

一、细颗粒度知识服务实践

国家图书馆《山海经》数字资源库基于Web、移动互联网技术，对馆藏

[①] 吴文倩.智慧图书馆环境下图书馆空间再造分析［J］.信息技术与标准化，2020，40（06）：112-113.

《山海经》历史各代版本、地理、文学、神话、医学等专名信息进行标引、揭示与关联，构建集文献发布、检索、预览、专名研究、地理信息研究、文创专区与趣味互动于一体的平台，覆盖Web页面及微信小程序等多个终端，并支持跨平台跨终端访问与展示。该平台有助于揭示多重图文信息中的隐性现象，实现图像资源、元数据与全文文本资源的整合、共享与知识发现，改变孤立的研究方式，从而帮助大众更加立体化、多元化获取数千年前的生态环境和人文活动信息，激发社会对中华民族文明成果的兴趣，进一步开发前景可观的《山海经》文化产业。

国家图书馆中国战"疫"记忆库版权管理系统，是"区块链+"技术在图书馆知识产权领域的首次落地应用。系统以战"疫"主题资源为试点，支持用户自主进行数字版权捐赠和权利流转，以数字版权存证与版权捐赠为核心功能，利用数字DNA算法为作品提供原创性证明，通过智能合约技术实现认证作品数字版权捐赠，基于链上数据的可追溯性和不可篡改性保障版权信息的安全可靠，采用分布式存储实现深度协同并构建行业可信的联盟链。该系统构建出一种全新的版权生态模式，促进了知识资源合法合理开放共享，实现了数字文化资源确权模式的多元化和版权管理理念的迭代，是全国智慧图书馆体系建设的有效试验成果[①]。

国家图书馆5G全景VR《永乐大典》首次采用5G+VR技术，集成8K全景视频拍摄、影视级三维动画制作等技术手段，全方位沉浸式讲述国宝典籍《永乐大典》背后的故事。从《永乐大典》的"前世"（即体量、版式、纸张、编纂等书内之美）及"今生"（即修书、寻书及读书的追书之路）两部分切入，向大众介绍包括成书情况、编修纂修、装帧抄写、流传与辑佚、入藏国图、古籍

---

① 张炜，肖慧琛，魏青.智慧图书馆区块链版权管理系统构建及探析[J].图书馆研究，2022，52（02）：85-93.

修复等内容[①]。结合国家图书馆再造善本和现有文字、图片、音视频、展览等资料，通过专业策划和多种技术实现手段重新组合加工，用全景化方式再现《永乐大典》的历史变迁，将文化典籍进行数字化、现代化的追溯与还原，向社会公众多角度呈现国宝典籍的历史与全貌，打造馆藏与技术有机融合的智慧服务新体验。

上海图书馆建设的"中国家谱知识服务平台"，是将全球范围内600余家机构、团体和个人收藏的家谱目录集中在一个平台上，并提供查阅服务的综合性数字人文平台。该平台除了提供馆藏家谱目录检索和全文浏览外，还有家规家训、先祖名人、迁徙图、世系表等数字化内容，并支持地图检索、分面统计、名人导航、迁徙图、世系表可视化展示等功能，同时还支持在线捐赠、在线识谱、在线修谱等众包功能。以知识组织的方法和关联数据技术，重构上海图书馆的家谱服务，以期实现针对普通大众的常识普及和智慧寻根服务。

广东省立中山图书馆《华商报》报纸数字化展示平台利用了大数据、云计算、关系图谱构建等技术，对广东省立中山图书馆馆藏《华商报》展开了细颗粒度内容标识、关键知识点的标签和标引建设，打造了老报纸数字化展示平台，在智慧图书馆体系建设上进行了有益探索。深圳图书馆"方志里的深圳"微信小程序对清嘉庆《新安县志》进行智慧化开发，用生动、系统的知识图谱与丰富、趣味的互动界面重现厚重的典籍，让读者沉浸式了解两百多年前深圳地区的源流沿革、风俗物产、名人掌故、山水地理、官制学制、古迹艺文等知识，挖掘出深圳一事一物沧桑变迁的基因密码，助力中华优秀传统文化创造性转化和创新性发展。佛山市图书馆"易本书"平台是基于区块链技术的家藏图书流通平台，旨在让家庭藏书和公共图书馆藏书一起流动起来，丰富资源供给，实现全社会家庭藏书的共享与流通。通过该平台，市民可以上传家中闲置的图书供人借阅，也可以借阅别人上传的藏书。上传的图书可以选择限期借

[①] 魏大威，谢强，张炜，等.智慧图书馆建设的思考[J].国家图书馆学刊，2022，31（03）：3-11.

阅、漂流、赠送、展示和智能化管理等多种流通模式。市民不仅可以一键搜索本站图书资源，还可获取公共图书馆藏书指引，实现了公私藏书的融合利用，提高了图书获取效率，满足了市民阅读需求[①]。

内蒙古自治区图书馆充分发掘本地民国报纸资源，以馆藏《绥远日报》为切入点，引入"知识星球"概念，利用知识关系图谱对报纸内容进行梳理组织，结合新颖的交互技术，为读者提供基于智慧图书馆知识组织、知识图谱和知识发现等理念的全新民国报纸阅读体验。

广西桂林图书馆"地方志知识资源服务平台"借助语义网、知识图谱、大数据、智能计算等技术对桂林地方志进行知识资源细颗粒度精细化标引，实现对地方志知识内容的深度挖掘、数据关联、价值提炼与多维度揭示，为读者提供便捷化、知识化、智慧化的桂林地情资源服务。

陕西省图书馆知识资源细颗粒度发布平台通过语义、自然语言处理等大数据技术，围绕知识建模、知识抽取、知识融合、知识标识构成知识管理功能，将抽取的实体、时间、关联的语义、知识分类与规则构成知识数据库，实现知识数据的细颗粒度标引。宝鸡市图书馆古籍知识资源细颗粒度文献数字化平台全面展示宝鸡古籍知识资源细颗粒度建设和标签标引的10000条细颗粒度结构化数据成果，可视化效果、交互体验性好，支持多终端阅读应用以及对项目建设结构化数据资源的管理，具备信息检索、数据管理等功能。

二、智慧空间实践

"十三五"期间，江西省委、省政府斥资近10亿打造江西省图书馆新馆，作为全国第三大馆，新馆的定位是具有代表性、突出性、特色性，布局合理、功能全面的现代化智慧图书馆，为读者提供无感借还、智慧分拣、智慧坐席、智能机器人问询、4D全景观摩、虚拟讲解员等智慧化、便捷化、个性化的智

[①] 陈颖仪.区块链技术下家藏图书共享平台构建与应用研究——以"易本书"平台为例[J].图书馆学研究，2023（05）：32-37.

慧服务。江西省图书馆新馆在馆内试听空间中设计了包含直播间、音乐体验区、5D影院、多媒体体验区等区域，读者可以通过VR、智能球幕等设备感受交互式的智能体验，在"红色图书馆"区域配置了球幕影院、VR军事体验系统等。

首都图书馆大兴机场分馆利用移动互联网、物联网、5G、人工智能等信息技术为读者提供移动借阅、智能推送、智能导引等服务。智能书架可帮助读者自动定位检索图书的位置；迎宾机器人可与读者问答互动，提供语音检索图书及导航服务；电子屏在推荐数字资源的同时，可实现扫描二维码"带走"全本资源；支付宝"阅读北京"专区可实现手机借阅功能，免除读者排队等待[1]。

苏州第二图书馆数字体验区共385平方米，通过虚拟现实、增强现实、雷达感应互动、体感交互、360度全息、裸眼3D等高科技多媒体互动技术，对知识进行动态化、可视化制作，内容获取方式上呈现出主动性、趣味性、智能化等特征，带给用户全新的体验服务模式，提升图书馆的服务质量[2]。

陕西省图书馆高新馆区文化旅游沉浸式体验馆占地130平米，依托四折幕技术，提供该馆及全省5A级景区的3D裸眼沉浸式体验，推动省内非遗文化资源、红色文化资源、民俗文化资源推广，从"听说的故事"向"看到的事实"转变，建设文化内涵丰富、科技交互智能、人文和自然交相辉映的示范基地。未来，体验馆还将增加旅游服务功能，提供沉浸体验、路线定制、出行订票、观看文艺演出等一站式服务。

云南省图书馆智慧化数字阅读体验区以"智慧化服务"为主题，配备了VR体验、互动智能屏、书法体验台、音频体验舱、智能机器人等三十多台种类齐全的智能服务设备，面向包括少儿、青年、中老年人在内的全年龄层读者，

---

[1] 中国青年网.国内首家"机场图书馆"亮相 大兴机场华丽转身［EB/OL］.［2021-08-12］.https://baijiahao.baidu.com/s?id=1707836007008404644&wfr=spider&for=pc.

[2] 中国经济网.苏图二馆：AI时代，初见公共图书馆"新"模样［EB/OL］.［2019-12-13］.http://m.ce.cn/lc/gd/201912/13/t20191213_33846633.shtml.

提供一个全方位、多主题、智慧化的数字阅读体验平台。读者可通过触摸、观看、聆听、朗读、书写、AI互动等方式，亲身体验充满科技感的智慧化服务。

贵州省图书馆数字体验区以贵州数字图书馆海量的数字资源为基础，通过多样化的高新技术手段，生动、有趣、科学地集中展示贵州省图书馆已有的数字服务和浩瀚资源，同时注重体验感和互动性，提供数字资源阅读、互动体验、大数据展示、机器人服务等前沿科技互动。

三、智能管理和智能化服务实践

2022年9月28日，位于浦东新区的上海图书馆东馆正式对外开放，该馆建筑面积11.5万平方米，是目前国内单体建筑面积最大的图书馆，也是集图书文献信息资源、科技创新研发资源、社科智库研究资源、上海地情研究资源为一体的大阅读时代智慧复合型图书馆[①]。馆内的智慧化服务无处不在，比如读者可以通过微信小程序、智能书架和智能机器人"图小二"，享受线上线下相结合的智慧服务体验。到馆前，读者可在上海图书馆官方微信小程序上预约座位；到馆后，读者可借助智能书架查询图书，通过微信小程序扫码借书或在智能机器人上自助借书，之后智能机器人通过室内导航、语音咨询等功能引导读者至预约的座位上开始阅读。

上海图书馆智能服务机器人"图小灵"作为智慧图书馆人工智能服务的重要探索之一，能够为读者提供智能化的引导、宣传、介绍和问答服务，比如它可以手把手教会读者如何使用图书馆，将上海图书馆查书、借书、还书的整个流程以及可能遇到的问题，用图文并茂的方式予以深入浅出的解说，并且永不疲倦。安徽省图书馆智能机器人"小安"依托语义分析、语音交互等人工智能技术，可为到馆读者提供图书导览、阅读测评、新书推荐、导航带路、亲子伴读、人机对话、自主巡航等功能。通过采用端云协同的技术架构体系和大数据

---

① 王世伟.中国特色公共图书馆创新和高质量发展的全新探索——对于上海图书馆东馆的观察与思考[J].图书馆杂志，2023（04）：4-17.

实时处理技术，实现智能机器人的数据采集处理分析；通过集成封装业内领先的AI核心技术，实现机器人的统一管理、控制、监控和运营，从而借助智能机器人赋能图书馆，实现图书馆服务的降本增效。

广东省立中山图书馆着力探索智慧图书馆创新应用，从图书采购验收、分类编目、典藏管理这三项图书馆核心基础业务入手，探索智慧图书馆发展新路径。2021年5月，图书采分编智能作业系统——"采编图灵"（一期）上线。基于实践经验，2022年4月，一期第二代系统上线，实现了原有系统设备全面升级。系统将物联网、工业机器人、机器视觉、人工智能等技术应用于图书采分编环节，利用"人工智能图像识别技术+工业机器人技术"的科技创新组合，实现图书编目前的全流程批量智能化作业，推动图书馆采分编作业由传统人工向自动化智能化转型升级，催生"智能化编目"新业态。系统还能够生成海量图像计算数据，为图书馆智能化建设搭建数据平台。

苏州第二图书馆"智能立体书库"是国内首个大型智能化书库，可以全程自动化存取书籍，实现图书的高密度储存和高效率利用。相对应的大型分拣系统，可以实现图书高速分拣和精准配送，与智能立体书库组成了苏州图书馆文献典藏中心和流转枢纽，成功地实现了苏州图书馆总分馆体系的典藏管理和"线上线下"借阅服务，促进全城文献流动，提升文献服务时效。书库采用堆垛机、叉车、四向穿梭车、高速提升机等领先的物流设备与软件系统，可实现每天2万册的出入库效率。读者通过苏州图书馆网站或手机移动端等，就能发起图书借阅，系统按流程将读者所借的图书送达借书人指定的取书点。读者可根据自己的情况，在所有苏州图书馆的分馆和无人值守借书柜均可选择一个地点作为取书点。

北京市大兴区图书馆"24小时城市书房监控中心"，可以对全区22家城市书房进行全天候、全方位、全自动实时监控。监控平台由视频监控模块、服务数据监控模块、安全监控模块三大模块组成，可以有效地帮助图书馆馆员更客观、更充分、更真实地了解读者需求并为其提供个性化、精准化服务，同时为读者提供一个安全、舒适的阅读环境。

广州市南沙区图书馆开全国之首创，充分利用地磁导航技术，将馆藏资源导航服务与之深度融合；读者通过使用"南沙图书馆导航小助手"微信小程序，即可实现精度在1米以内的馆内自助导航定位服务。由此，读者能够在馆内不同区域查询图书，通过导航可直接找到图书架位，切实解决了"找书难"这一图书馆线下服务难题。

江西省图书馆和重庆图书馆通过采用人脸识别技术和无线射频识别技术（RFID），为到馆读者提供无感借阅服务——读者入馆即还书，离馆即借书。从而优化服务流程，提升到馆服务体验，为读者提供高效、便捷、智慧的图书借阅服务。

第三章
智慧时代阅读推广主体研究

阅读推广主体既包括图书馆等公共服务机构，又包括政府、民间组织、企业单位、个人等其他社会主体。在政府的主导带领下，我国图书馆雨后春笋般地开展阅读推广活动，此外，一些企业和社会组织基于社交媒体开展的阅读推广探索，其情景设计颇具特色，也赢得了较大的市场。本章将阐述各类阅读推广主体的特点和案例，并提出智慧时代阅读推广主体合作模式。

第一节 政府是促进阅读推广的主导力量

在我国，政府是促进全民阅读的主导力量。政府利用其权威性和广泛的社会影响力，调动社会各方资源参与阅读推广活动，统筹协调社会各方力量，逐步形成有效的阅读推广体系。自全民阅读得到国家高度重视以来，我国政府主要通过制定政策法规、组织协调资源、引导社会各界等方式大力推进阅读推广，保障落实阅读推广活动。在中央政府的号召下，我国地方各级人民政府积极倡导和推动全民阅读，制定实施了一系列政策措施。

一、阅读推广中央政策概述

从国家层面上看，1997年，中宣部、国家教委、国家科委等九部委联合发文实施"知识工程"，"全民阅读"开始进入国家文化政策层面。2000年，全国知识工程领导小组把每年的12月定为"全民阅读月"。2003年12月，"全民阅读月"活动正式由中国图书馆学会组织实施，这一举措明确了图书馆在全民阅读中所担负的责任。2004年，在中图学会主导下，我国读书日活动与4·23世界读书日接轨。2005年年初，中国图书馆学会首次召开"新年峰会"，"图书馆与社会阅读"为重大议题之一。2006年，中宣部、中央文明办、新闻出版总署等11家部门，发出关于开展"爱读书""读好书"全民阅读活动的倡议书[①]。倡议书指出：全国各地各有关部门要开展丰富多彩的读书推广活动，为全民阅读营造良好的读书环境。提倡全国各地图书馆围绕"全民阅读"组织讲座、荐书、咨询、展览等读书宣传活动[②]。

2011年，全民阅读首次出现在《中共中央关于深化文化体制改革推动社会主义文化大发展大繁荣若干重大问题的决定》中[③]。2012年"开展全民阅读活动"首次写入党的十八大报告，成为建设社会主义文化强国的一项重要举措。2013年全国两会期间，115位政协委员联名签署《关于制定实施国家全民阅读战略的提案》，推动全民阅读的立法工作。同时，全民阅读立法起草小组草拟《全民阅读促进条例》初稿[④]。2013年4月，由全国78家媒体发起，200余家媒体共同参与的"中国全民阅读媒体联盟"成立，其宗旨是"聚合媒体力量，倡导全民阅读，打造书香中国，建设和谐社会"。同年11月，中国全民阅读媒体联盟第一次代表大会召开，大会审议并通过《中国全民阅读媒体

[①] 李海燕.我国公共图书馆阅读推广研究综述［J］.图书馆杂志，2016，35（02）：103-110.

[②] 陈焕之.阅读空间：图书馆阅读新模式［J］.山东图书馆学刊，2009，No.115（05）：75-77.

[③] 黄百川.公共图书馆阅读推广品牌建设创新与思考——以佛山市图书馆邻里图书馆项目为例［J］.图书馆，2021（05）：92-95+118.

[④] 全民阅读纪事［J］.新阅读，2022（04）：73-80.

联盟章程》①。党的十七届六中全会提出了"深入开展全民阅读、全民健身活动"，十八大报告则明确提出"开展全民阅读活动"②。2014年，"倡导全民阅读"被首次写入政府工作报告，此后"全民阅读"连续九年被写入政府工作报告。2015年李克强总理在回答有关"全民阅读"的问题时，解释了为什么连续两年把"全民阅读"写入《政府工作报告》，表示书籍是人类文明传承的主要载体，希望全民阅读能够形成一种无处不在的氛围。2016年，《全民阅读"十三五"时期发展规划》正式颁布，提出要"推动全民阅读"，并将全民阅读工程列为"十三五"时期文化重大工程之一，将全民阅读提升到国家战略高度③。从举办全民阅读活动、优质阅读内容供给、推动全民阅读入基层、促进少年儿童阅读和特殊群体阅读、完善基础设施和服务体系、提高数字化阅读水平、组织社会力量参与等方面对全民阅读提出了细致的指导方法。

近年来，政府支持推进全民阅读的政策力度不断加大，全民阅读推广活动日渐呈现"政府倡导、民众响应、市场运作、媒体宣传"的良好态势。2017年3月1日，《中华人民共和国公共文化服务保障法》正式实施，其中第二十九条提出，公益性文化单位应当完善服务项目、丰富服务内容，创造条件向公众提供免费或者优惠阅读服务等④。2017年，国务院法制办会议审议并原则通过《全民阅读促进条例（草案）》，《草案》突出强调了在全民阅读促进工作中要发挥政府主导作用、鼓励社会参与、明确保障措施、关注未成年人等重点群体阅

---

① 新浪新闻中心.中国全民阅读媒体联盟第一次代表大会召开［EB/OL］.（2013-11-25）［2023-11-21］.https://news.sina.com.cn/m/2013-11-25/100422803142.shtml.

② 搜狐网.从全民阅读活动到全民阅读国家战略全民阅读十年［EB/OL］.［2022-02-06］.https://www.sohu.com/a/72079959_240763.

③ 新华网.《全民阅读"十三五"时期发展规划》发布［EB/OL］.（2016-12-27）［2022-02-07］.http://www.xinhuanet.com/politics/2016-12/27/c_129421928.htm.

④ 中国人大网.中华人民共和国公共文化服务保障法［EB/OL］.（2016-12-25）［2022-02-07］.http://www.npc.gov.cn/zgrdw/npc/xinwen/2016-12/25/content_2004880.htm.

读等原则[1]。2018年,《中华人民共和国公共图书馆法》正式施行,作为中国第一部图书馆专门法,其中提出公共图书馆应将推动、引导、服务全民阅读作为重要任务,同时,公共图书馆应当免费向社会公众提供阅读推广等服务[2]。该法案首次将全民阅读纳入了相关条款,助力全民阅读活动的开展。明确规定县级以上人民政府应当将公共图书馆事业纳入本级国民经济和社会发展规划;国家鼓励公民、法人和其他组织自筹基金设立公共图书馆,对优化布局、提高服务水平、设立标准等方面做出明确规定。《中华人民共和国公共图书馆法》为全民阅读提供了有力的法律保障。其中,第三十三条提及公共图书馆应当按照平等、开放、共享的原则向社会公众提供服务。公共图书馆应该免费向社会公众提供文献信息查询、借阅服务,阅览室、自习室等公共空间设施场地;公益性讲座、阅读推广、培训、展览;国家规定的其他免费服务项目。第三十四条提及政府设立的公共图书馆应当设置少年儿童阅览区域,应考虑老年人、残疾人等群体的特点,积极创造条件,提供其需要的文献信息、无障碍设施设备和服务等。第三十六条提及公共图书馆应当通过开展阅读指导、读书交流、演讲诵读、图书互换共享等活动,推广全民阅读。第三十九条提及政府设立的公共图书馆应当通过流动服务设施、自助服务设施等为社会提供便捷服务。第四十一条提及政府设立的公共图书馆应当加强馆内古籍的保护,并通过巡回展览、公益讲座、善本再造、创意产品开发等方式,加强古籍宣传[3]。2021年,"十四五"规划纲要在完善公共文化服务体系部分明确提出,要"深入推进全

---

[1] 中国网.国务院法制办审议通过《全民阅读促进条例(草案)》[EB/OL].(2017-06-05)[2022-02-07].http://news.china.com.cn/txt/2017-06/05/content_40964731.htm.

[2] 中国人大网.中华人民共和国公共图书馆法[EB/OL].(2018-11-05)[2022-02-07].http://www.npc.gov.cn/zgrdw/npc/xinwen/2018-11/05.content_2065662.htm.

[3] 中央人民政府.中华人民共和国公共图书馆法[EB/OL].(2017-11-05).[2023-11-21].https://www.gov.cn/xinwen/2017-11/05/content_5237326.htm.

民阅读，建设书香中国"[1]。

二、阅读推广地方政策概述

在全面推进依法治国以及大力推进全民阅读发展的背景下，越来越多的省份和地区高度重视全民阅读工作，积极投入到全民阅读立法地方样本的制定中。各地不断推出促进全民阅读的各项政策措施，规范和保障阅读推广活动的开展，形成了有益于全民阅读发展和书香城市建设等的成功经验，这对国家层面全民阅读立法的制定、完善和实施具有重要的参考和借鉴作用[2]。

（一）地方法规规章

自2013年我国将全民阅读立法纳入立法工作以来，我国多个省市先行先试，开展本地区的政策法规制定工作。江苏省在2014年出台的关于促进全民阅读的决定是我国首部促进全民阅读的地方性法规。它不仅指导和推动着江苏省全民阅读事业的发展，同时也对其他省份加快制定全民阅读地方性法规发挥着显著的引领和示范作用。湖北省颁布的《湖北省全民阅读促进办法》是我国第一部关于全民阅读的地方政府规章，鲜明地提出要从组织、经费、平台和特殊保障四个方面促进全民阅读。2016年四川省出台的关于促进全民阅读的决定是我国西部地区首个促进全民阅读的省级法规决定，对推动西部地区全民阅读的法制建设具有重要的促进作用。之后，我国黑龙江省、吉林省、烟台市、广东省、河南省、宁波市等都相继颁布了关于全民阅读的地方性法规，全民阅读法制建设不断推进，从中央到地方的全民阅读法制化保障体系不断发展和完善。

除了各省市颁布的全民阅读立法之外，地方性图书馆法规也将阅读推广纳入相关的法律条款中。20世纪90年代中期以来，我国地方性的图书馆立法工作进展比较快，并取得了较为丰硕的成果。在《公共图书馆法》颁布之前，我国

---

[1] 八桂书香.十四五规划纲要提出"深入推进全民阅读　建设书香中国"[EB/OL].（2021-03-16）[2022-02-07].http://www.gxbgsx.com/news/show-31878.html.
[2] 韩迪.全民阅读保障体系建设研究[D].哈尔滨：黑龙江大学,2022.5.

已有十几部地方图书馆法规，具有"先地方，后中央"的特点。作为开展阅读推广和推动全民阅读的重要途径和骨干力量，公共图书馆的法制化建设对建立全民阅读长效机制具有重要意义。

（二）地方政府有关文件

随着党和国家对全民阅读的大力倡导以及相关政策的指引，全国各地党委和政府除了制定地方性的阅读法律法规之外，还通过开展全民阅读活动通知、全民阅读活动中长期规划、开展全民阅读活动实施意见等政策文件来致力全民阅读。全民阅读通知主要部署地方每年的全民阅读工作或全民阅读活动。全民阅读中长期规划的制定是实现全民阅读工作常态化的重要方式。2016年以来，全国各个省份积极响应国家有关全民阅读"十三五"发展规划，抓紧开展各地全民阅读中长期规划的制定工作。现我国已有一半的省份出台了地方性全民阅读规划，这些规划的主要内容包括中长期主要目标、任务和保障措施。如《北京市全民阅读发展规划（2021—2025）》，提出构建"阅读典范之城"。除此之外，上海、浙江、江苏、河南、海南、云南等地也都相继制定和印发了关于全民阅读的中长期规划和活动意见等，全国各地掀起了全民阅读的文化之风。

三、政府开展阅读推广案例

（一）书香中国·北京阅读季[①]

书香中国·北京阅读季是全国著名的全民阅读品牌。中共北京市委宣传部、北京市新闻出版局于2011年联合主办首届"北京阅读季"，由苏士澍、毕淑敏、周大新、梁晓声、周国平、白岩松六位社会知名人士担任北京读书形象大使。2014年经国家新闻出版广电总局、北京市政府批准，正式更名为"书香中国·北京阅读季"，成为国家级全民阅读品牌。书香中国·北京阅读季已举办十三届，通过阅读季活动的带动，北京市居民阅读的多项指标持续位于全国

---

① 百度百科.书香中国·北京阅读季［EB/OL］.［2023-11-21］.https://baike.baidu.com/item书香中国·北京阅读季/49899133?fr=ge_ala#5-13.

前列。

　　北京阅读季以丰富多彩的读书活动为抓手，几年来在营造多读书、读好书、好读书的良好文化氛围过程中，正逐步发展为一张闪亮的名片，成为彰显北京独特文化魅力的品牌。古人云"腹有诗书气自华"。北京阅读季凭借着地域优势、人才资源、文化资源等优势，将读书发展成为北京市民的日常需求，传递着"让书香飘溢在首都的每一个角落，让每个人在书香中成长"的主要思想。每年的阅读季，均会借助品牌优势，通过开展系列群众性读书活动，整合全民阅读资源，在全社会营造"多读书、读好书、好读书"的良好氛围。多年来，该主题活动开展了数百场文化活动，每期的主题丰富多彩、形式各异，极大丰富了首都人民的精神文化生活，让阅读走进社区，走进人们身边，在北京各区县掀起了全民阅读高潮，稳步形成"政府推动、专家指导、社会参与"的运作模式。

　　作为北京阅读季全民阅读重点品牌之一的北京"阅读驿站"，是中宣部（国家新闻出版署）全民阅读优秀项目，该项目由北京市委宣传部主办，中国北京出版创意产业园区、北京联合出版有限责任公司承办。社区是城市社会最基础的单元和细胞，与每个市民的日常生活息息相关。阅读驿站是书香中国·北京阅读季在阅读资源和服务相对稀缺的地区推出的阅读季活动。2022年的"阅读驿站"于8月至11月进行，分别在房山、平谷、延庆、门头沟等地举办。阅读驿站开展了系列主题阅读活动，包括举办名家沙龙讲座、进行图书捐赠、举办流动书香节等。北京"阅读驿站"已连续举办"书香中国·北京阅读季"活动十一届，每年组织活动万余场。2022年的"阅读驿站"进社区阅读推广活动，根据社区阅读特点，推出"喜迎二十大　奋进新征程""强国复兴有我"系列活动、名师大讲堂、社区青年文化走读、书籍交换计划、"阅稚童心向未来"亲子共读互动体验沙龙等一系列活动。

（二）泉民悦读新体系[①]

济南市文化和旅游局以建设"书香泉城"为目标，以全民阅读活动为载体，打造人人想读书、处处有书读的"爱阅之都"，让浓浓书香溢满泉城。

开展"泉民悦读"行动，让阅读更随心。推出"泉民悦读"免费数字阅读行动，让阅读零门槛、更便捷。加大扫码看书推广力度，先后在各级各类传统媒体和新媒体上进行广泛宣传，与济南公交公司、济南市轨道交通集团等单位跨界深度合作，持续打造"爱阅巴士""书香地铁"。开展"泉民悦读"扫码看书进社区活动，创造性地将"泉民悦读"二维码印在核酸检测小贴纸上，这是全国核酸检测贴纸上出现的第一个二维码，通过这种方式，做到了人手一码，38000册免费电子图书直接送到全市930多万市民手中，截至2022年8月，总访问量达700万人次，总访客量超200万人。"构建新时代'泉民悦读'新体系"入选2021年全国全民阅读优秀项目。

开展"泉民荐读"行动，让阅读能自选。转变图书馆采购模式，实行"泉城市民推荐书目图书馆统一采购"方式，调动激发市民阅读热情。开发"图书荐购"微信小程序，登录荐购平台即可查看图书信息、搜索选择并推荐。以每月20日为"荐购书单发布日"，按月发布并更新含5000种图书的荐购书单，推出"你看书我买单""选书由你"等线下活动，有力调动了人们参与公共图书馆和公共阅读服务体系建设的积极性。

开展"泉民共读"行动，让阅读成习惯。创新"交享阅"领读人活动，精选青年图书馆员组成"领读天团"，以主播身份通过新浪微博、山东智慧图书馆云等向广大读者和网友陆续推送"书播""馆员荐书秀"等节目，丰富读者的"宅"生活。截至2022年8月，共开展57期在线书播，总观看量近500万人次。适应不同人群阅读思维和习惯，组织开展"泉城共读一小时"公益行动，邀请著名主持人、编剧、演员等艺术名家和图书馆长、奥运冠军、外卖

[①] 济南市人民政府.建设"书香泉城" 打造"爱阅之都"[EB/OL].[2022-08-23].http://www.jinan.gov.cn/art/2022/8/23/art_81047_4926540.html.

小哥、中小学生等多个群体的爱书人领读带读，世界读书日当天吸引60余万人次参与，成为疫情期间济南参与人数最多的线上公益直播活动之一，为人们交流读书心得和人生体悟提供了媒介平台，"让阅读成为一种生活习惯"的阅读理念更加深入人心。

开展"泉民畅读"行动，让阅读最惠民。建成38家泉城书房，累计接待读者440万人次，借阅图书92万册次，举办阅读推广活动2878场次，成为市民热门打卡地。成立"泉城图书馆联盟"，联合省、市、区县300余家公共图书馆和高校、企业图书室，实现联盟内全部成员单位通借通还，完成区域借还图书近5万册，不断扩大借阅覆盖面、提升借阅体验。推出"享阅到家""享阅读者沙龙""享阅真人图书"等系列服务，采用"图书馆+书店"的新型借阅模式，为图书馆、书店、读者三方搭建起互通、互惠、共赢平台。升级读者借阅权限至个人6册、60天和家庭20册、60天，更好满足读者多样化的阅读需求，截至2022年8月，已经有4000多个证件办理了借阅权限升级。

第二节　图书馆是阅读推广的主要阵地

图书馆以读书、用书为抓手，承担着实现藏书流通的任务，是全民阅读推广的重要基地，是书香社会建设过程中最主要的组织者、实施者和推动者[①]。在开展和推动全民阅读推广的过程中，各类图书馆积极开展不同形式的活动推动全民阅读的发展。

近年来，随着国家出台关于新时期我国中小学图书馆建设的一系列政策文件，我国中小学图书馆一直保持着良好的发展势头。目前，我国部分中小学图书馆定期开展阅读活动，阅读推广的形式主要有图书漂流、读书征文、换书

---

① 刘灵芝，陈书梅.全民阅读推广与书香社会建设主体责任解析[J].中国经贸导刊（中），2020（11）：173-174.

活动、诗文朗诵等。高校是我国培养人才的主要地方，所以对于高校图书馆来说，其功能和地位与中小学图书馆有所不同。高校图书馆是校园和社会文化建设的重要基地，相对应图书馆工作也更系统化和专业化。高校图书馆在此方面积累了丰富的经验。当前，我国高校图书馆基本都设置了负责图书馆阅读推广工作的部门，如武汉大学图书馆的咨询与宣传推广部、清华大学图书馆的读者服务部等。高校图书馆阅读推广通常是以特定的主题和立体多元的方式开展阅读活动，从观、读、听、写、说、演、赛等方面激发读者阅读兴趣[①]。调查研究发现，目前有一半的高校图书馆更倾向于采取图书推荐、讲座、展览、优秀读者评选、阅读沙龙或研讨、读书捐赠或漂流等方法进行阅读推广。另外，在数字阅读盛行的今天，高校图书馆开展了网络化、创新性的数字阅读推广。通过阅读推广网站、微信阅读推广、高校自建移动阅读App等，迎合青年人阅读方式，开展阅读推广。

本节主要探讨以公共图书馆为主体开展的阅读推广工作。公共图书馆是全民阅读推广重要的主体力量。自全民阅读发展以来，全国各级公共图书馆积极开展各种类型的阅读活动，大力推进全民阅读发展。2004年起，国家图书馆每年举办"世界读书日"活动，2006年起，每年举办"读书周""读书月"活动；浙江图书馆从2013年开始设置"文澜社会大课堂"活动品牌，定期向朗诵爱好者开课，为广大读者开辟了一个全新的学习平台；武汉市少儿图书馆多年来一直坚持针对少儿群体开展阅读推广，每年举办"楚童杯读书汇""小种子流动阅读推广""非遗文化读书会"等各种品牌阅读活动，有力地促进了少儿阅读。除此之外，许多公共图书馆与社会力量、行业合作，共同发展出一种"图书馆+"的阅读推广模式，开展跨界合作，共同推进全民阅读发展。如北京市西城区第一图书馆联合什刹海畔的"皮影文化酒店"，打造出"书香酒店"项目，经常组织讲座、读书沙龙等活动，以"公助民营"的方式向读者提供阅读服务。

---

① 陈幼华,等.高校图书馆阅读推广理论与方法[M].北京：朝华出版社，2020.

一、公共图书馆在阅读推广中的重要作用

全民阅读推广是公共图书馆的重要责任，也是其服务的核心之一。

（一）公共图书馆承载着知识传承、文化教育的使命

公共图书馆是全民阅读的主体，推广全民阅读是公共图书馆的基本任务之一[①]。在倡导全民阅读的时代，公共图书馆应该当仁不让地充分发挥阅读推广工作的主体作用，勇于承担该项工作使命，不能缺席。公共图书馆要和其他全民阅读主体一起，积极推动全民阅读，推动学习型社会建设，让全民阅读成为一种氛围，无处不在。公共图书馆是人类文明的宝库，承担着弘扬和传播中华民族文化自信的重任，阅读推广也已经被赋予了崭新的时代意义，公共图书馆要继续承担培育读者、提升全民素养的使命，要传承文化，构建起中华民族的精神家园。

（二）公共图书馆是全民阅读推广的承担者

我国阅读推广工作十余年来越来越受政府重视，各级政府加大了对公共图书馆各类设施的建设力度，馆藏资源得到很大的充实和提升，优秀阅读资源供应及时，能有效为读者阅读提供服务和支持。公共图书馆拥有海量优质的阅读资源，同时一直免费、平等地面向公众开放，秉承打破文化最后一公里的宗旨，公共图书馆的纸质版、电子版等多种图书载体资源，为其开展全民阅读推广提供了保障。

几年来，通过国家各类重大文化惠民工程建设，逐步形成了公共图书馆的国家、省、市、区县的四级服务网络，满足了不同地域用户的阅读需求，缩小了各区域间的阅读差距，在发达的城市街区建有市、区、街道、社区馆，很多区域还有流动车、24小时自助借还借阅区域，自助式阅读服务的网络星罗棋布，为用户提供了方便获取阅读资源的软硬件设施。此外，公共图书馆拥有宽敞、专业的阅览区，能为读者提供舒适、休闲的阅览座位，图书馆成为市民阅

---

① 罗烈洲.全民阅读推广视角下的公共图书馆服务效能研究［J］.图书馆学刊，2017，39（05）：86-89.

读、休闲的日常场所。

（三）公共图书馆是全民阅读推广的实施者

《公共图书馆宣言》中明确指出："公共图书馆在平等的基础上对所有人，不论年龄、种族、性别、宗教、国籍、语言和社会地位，提供服务，即对全民开放。"公共图书馆承载着全民阅读的责任，保障全民阅读权利的均等性，让每位读者都公平地享有使用图书馆资源的权益。

公共图书馆担负着社会教育、提升全民文化素质的职能，其在普及全民阅读理念，建立阅读社会，倡导全民阅读中具有重要的作用。公共图书馆营造了人人阅读的社会氛围，推进了全民终身学习的进程，使阅读社会的全民共建得以实现，是全民阅读推广的实施者。

二、公共图书馆阅读推广活动特点

通过对全国公共图书馆阅读推广活动的总结分析，大致可以归纳出以下几个特点[①]。

（一）竞赛类阅读推广活动

这类活动包括线上答题、阅读打卡、征文比赛、朗诵大赛、阅读大赛、设计比赛、作品征集等各类比赛。全国公共图书馆经常通过线上或线下的方式发起比赛或作品征集，活动类型丰富多样，如青海省图书馆举办邮票设计大赛，云南省图书馆发起中秋节飞花令，广东省立中山图书馆举办世界阅读日创作比赛，山西省图书馆发起家风家教作品征集，天津市图书馆书法作品征集，山东省图书馆、浙江省图书馆、上海市图书馆均发起阅读马拉松大赛，吉林省图书馆、辽宁省图书馆举办了征文和朗诵大赛，等等。线上活动渠道开设，读者通过网络就可以完成参赛，如扫码答题、知识竞赛，大大降低了参赛的门槛，方便读者突破时间、空间限制参与到活动中来。

---

① 王亚楠.新媒体视域下我国省级公共图书馆阅读推广活动宣传研究［D］.沈阳市：辽宁大学，2022.

（二）互动式阅读推广活动

互动式阅读推广活动是图书馆与读者形成良好互动的阅读推广方式，拉近了图书馆与读者之间的距离，图书馆以更加生动的形象展示在读者面前。互动式阅读推广活动主要包括读书会、沙龙、亲子课堂、真人图书馆等。读书会是最为普遍的方式，覆盖读者范围也是较为广泛，四川省图书馆举办面向儿童的绘本故事会，内蒙古自治区图书馆举办面向特殊人群"红色传承　同心筑梦"读者读书会。比较具有特色是河北省图书馆"守正书房""沉浸式阅读""一本好书"，以书籍为主题，打造一种全方位交流阅读体验，使读者在互动+阅读的形式中激发阅读兴趣，养成良好的阅读习惯。

（三）展览类阅读推广活动

这类活动主要以直观的视觉或听觉刺激来影响读者，对读者起到更直接的注意与吸引。

观赏式阅读推广活动主要包括展览、影音鉴赏等。各地公共图书馆展览活动主题丰富多样，有书法展、书籍展、文化展、知识展、摄影展、报纸展、文献展、邮票展等。比如山西省图书馆举办的"庆祝中国共产党成立100周年"线上报纸展，河南省图书馆"典籍里的中国年传统文化"线上展，湖南省图书馆"冬奥知识长廊"线上展，云南省图书馆"虎文化"主题微信展，四川省图书馆"巴蜀风云——川渝红色文献"巡展。影音鉴赏主要通过图书馆影音厅或是线上方式展播优秀电影、举办音乐会等方式，传播优秀影音文化，提升读者文化素质与鉴赏能力。

（四）体验式阅读推广活动

体验式阅读推广活动是读者通过亲身体验的方式，将阅读与动手相结合，增强带入感的一种活动方式。体验式阅读推广活动主要包括手工制作、3D体验、积木搭建、粘土DIY、民俗体验等。手工制作类有花灯制作、中国结艺编制、陶艺制作、手工团扇等。一些图书馆利用科学技术，让读者体验3D打印，贵州省图书馆举办了3D打印冰墩墩的体验活动，用3D打印笔打印"冰墩墩"，作品可以带走。部分图书馆引领读者体验传统技艺，比如广西壮族自治区图书馆雕版印刷体验，广东省立中山图书馆佛山木板年画制作，甘肃省图书馆活字印刷体验，宁夏图书馆古籍修复体验。

（五）讲座培训类阅读推广活动

讲座式阅读推广活动是图书馆通过举办公开课、大众讲坛的方式，科普关于文化、健康、历史等方面的知识，帮助读者开拓眼界，增长见识。很多公共图书馆都举办了讲座式阅读推广活动，并形成系列化活动，比如吉林讲坛、辽图讲坛、文澜讲坛、东南周末讲坛、首都讲坛、文源讲坛、冀图微讲坛、八桂讲坛。培训式阅读推广活动是图书馆通过举办培训课程的方式，对读者进行培训。包括艺术培训、书法培训、摄影培训、编程培训、信息素养培训、老年人智能手机培训等。比如海南省图书馆开设了种类丰富的公益课，包括少儿软笔书法班、少儿陶艺班、少儿创意手工班、少儿魔方班、围棋启蒙班等。

第三节 出版传媒行业助力阅读推广

出版发行机构是阅读资源的主要提供者，决定着出版物的数量和种类，开展阅读推广是其应有的责任和义务。目前，我国的出版发行机构主要在读物供给和阅读推广方面致力于全民阅读发展。自1999年"全国全民阅读调查"活动开展以来，已经持续进行了二十次调查。通过了解中国国民阅读倾向发展趋势和文化消费状况，从而为国家新闻出版管理机关制定相关政策和出版单位制定计划等提供参考，最终为更好推进全民阅读出谋划策。根据近几年全国新闻出版产业分析报告显示，我国每年的图书出版数量一直处于不断增加的趋势。第二十次全民阅读调查报告显示，2022年我国成年国民包括书报刊和数字出版物在内的各种媒介的综合阅读率为81.8%，较2021年的81.6%提升了0.2个百分点。从成年国民对各类出版物阅读量的考察看，2022年我国成年国民人均纸质图书阅读量为4.78本，高于2021年的4.76本。人均电子书阅读量为3.33本，高于2021

年的3.30本[①]。出版发行机构为读者提供了丰富多样的数字资源，契合大家数字化阅读方式，从而充分满足读者的数字化阅读需求，保障国民阅读的读物供给得到最大满足。除了保障阅读资源供给，出版发行机构也承担着发起阅读推广活动的主体责任。每年"4·23"世界读书日，出版发行机构都会发起形式丰富的阅读推广活动，营造全民阅读社会氛围，激发国民阅读热情。

一、央级出版传媒机构的阅读推广

中国出版集团实施"畅销图书推荐计划"和"畅销图书推广计划"，向读者推荐优质图书。全国图书馆交易博览会每年在不同城市举办，开展不同主题的各种阅读推广活动，吸引广大阅读爱好者相聚于此，共享阅读。如许多作家、学者等会通过读者见面会、新书发布会等形式与公众互动，以此激发大家的阅读热情。随着阅读数字化，出版界也搭建了一批数字化阅读平台和数字图书馆，提供数字阅读服务。

传媒机构也利用自身平台优势独立开展阅读推广活动，如央视的《朗读者》《一本好书》等节目，《光明日报》征集读书故事、其他读书网站等。对于新媒体，它们的时效性、传播性和互动性更高，在宣传和推动全民阅读活动方面十分便捷。如利用网络开展阅读调查分析、建立数字阅读网站；利用微信和微博平台开展新书发布、好书推荐、阅读活动推送；通过直播方式开展讲座活动、阅读分享活动等。

2021年，根据《国家新闻出版署关于公布2021年全民阅读优秀项目推介工作入选名单的通知》，全国共有15个优秀项目入选国家全民阅读优秀项目。由中国新闻出版传媒集团主办的"全民阅读与融媒体智库"是其中之一。该项目

[①] 中华人民共和国中央人民政府.过去一年，你读了几本书？——第20次全国国民阅读调查结果发布［EB/OL］.［2023-04-23］.https://www.gov.cn/yaouwen/2023-04/23/content_575283.htm.

开启了技术与行业智慧深度融合的创新性探索[①]。

自2014年起，中国新闻出版传媒集团开始联合行业与社会力量，努力探索大数据和人工智能在出版行业、数字出版业、全民阅读等领域的应用。2016年集团联合中科院信息工程研究所、北京大学、复旦大学、四川大学等机构组织召开了"网络文学IP大数据研讨会"和多次调研活动[②]。2018年3月，集团独立研发的"网络文学IP大数据服务平台"项目入选原国家新闻出版广电总局"国家新闻出版改革发展项目库"，2019年初该项目升级为"全民阅读中台"，并经申报入选了"国家文化产业发展项目库"[③]。2019年8月，中国新闻出版传媒集团有限公司成立了"全民阅读与融媒体智库"，开启了对技术与行业智慧深度融合的创新性探索。该智库是积极响应时任中宣部部长黄坤明提出的"把握正确方向，秉持家国情怀，坚持唯实求真，着力深化重大问题研究，不断提升咨政建言能力，努力打造一批适应新时代新要求的高水平智库，在党和国家事业发展中展现更大作为"的重要举措。

全民阅读与融媒体智库以把握正确的政治方向、价值取向和舆论导向为宗旨，以坚持立破并举为举措，立足全民阅读、新闻出版和媒体融合中的热点与亮点、痛点与难点，充分发挥集团在资源整合、技术创新等方面的优势，着眼全民阅读供给侧和需求侧，开展定性和定量研究；同时，深耕具有可持续发展的技术平台建设，探索行业智慧与大数据技术的有机结合和人工智能等技术在全民阅读工作中的广泛应用，并深入开展分析研判[④]。

全民阅读与融媒体智库对2020年期间报刊网端的400多家中央媒体，13000

[①] 全民阅读与融媒体智库成立两年成果卓著［EB/OL］.［2023-03-29］.http://www.nxgcdr.net/wh/whds/202203/t20220329_526241.html.

[②] 李忠.建设文化大数据智库 推动传媒业融合创新［J］.传媒，2020，No.338（21）：11-12+14.

[③] 李忠.建设现代新型智库 助力全民阅读推广［J］.新阅读，2022，No.135（03）：9-11.

[④] 打造特色品牌 培育阅读沃土［N］.中国新闻出版广电报,2021-12-17.

多家省市媒体，6500多家区县媒体，100多家商业媒体，近7000家自媒体账号和350多家短视频账号的超过4亿各地全民阅读品牌宣传报道数据进行采集，集中对涉及包括31个省（直辖市、自治区）和10个较早开展全民阅读活动的城市等41个地区的全民阅读品牌进行了大数据分析，于2021年4月23日发布了《2020年度"书香中国"全民阅读品牌传播影响力大数据研究报告》。这是全国首个通过大数据对全民阅读品牌活动进行传播影响力研究的报告，该报告从新闻报道和新媒体平台的视角出发，发掘全民阅读品牌塑造中信息传播和舆论宣传的亮点，为各地全民阅读活动和品牌建设提供有益参考。该报告在《中国新闻出版广电报》、中宣部机关和国家新闻出版署官网发布，新华社、光明日报、工人日报、中国青年报、中国文化报、新华网、人民网等中央媒体进行了报道。同时于2021年5月22日和6月25日相继发布了"4.23全国读书日"期间各地全民阅读品牌传播影响力大数据报告、《读书之乐　绿茵满窗——10省、市全民阅读品牌活动成效对比研究》。未来，将持续开展"书香"品牌研究，每年发布各地"书香"品牌传播影响力研究报告。

2020年1月10日，全民阅读与融媒体智库正式发布了《让书香滋养民族心灵，让民族精神厚重深邃——主题出版与主题阅读发展报告》。报告回顾了我国主题出版活动自2003年以来的发展历程和主要成绩，以"主题出版引领主题阅读，主题阅读深化主题出版"的核心理念为聚焦点，分析了主题阅读在媒体融合趋势下的呈现方式，基于大数据的量化分析并结合行业智慧的定性研判，敏锐地捕捉了主题阅读领域呈现出的新方式、新趋势，通过直面和剖析问题，从内容建设、思想传递和内化实现等角度对未来主题出版和主题阅读的协同发展及立体化传播提供了系统的思路与建议，以期推动高质量出版与高品质阅读更加充分地彼此滋养[①]。

---

① 李忠.沟通　链接　诠释——全民阅读与融媒体智库的初步实践与探索［J］.中国出版，2020，No.483（10）：20-23.

二、地方出版传媒机构的阅读推广

本节主要介绍选自于2021年国家新闻出版署发布的全民阅读优秀项目推介工作优秀案例。

（一）"点·线·端+全民阅读"建设书香社会的"读者方案"[①]

读者出版集团主办的"'点·线·端+全民阅读'建设书香社会的'读者方案'"入选2021年全民阅读优秀项目。该项目充分发挥文化品牌优势和内容资源优势，打造阅读推广新格局。本文主要介绍该项目在品牌经营、空间推广，以及活动开展等方面的优秀经验。读者出版集团充分发挥文化品牌优势和内容资源优势，于2019年9月创造性地提出"点·线·端+全民阅读"建设书香社会的"读者方案"。该方案大力实施精品战略、品牌战略，是深入贯彻落实习近平新时代中国特色社会主义思想，及其考察调研读者出版集团时的重要讲话和指示精神的重要举措[②]。"读者方案"以满足人民群众对美好生活的需要为根本出发点，自提出并实施以来，呈现出蓬勃发展的良好态势，受到社会和群众的广泛好评。

好的阅读产品、文化活动需要高品质文化空间做承接。近年来，读者出版集团围绕"读者"品牌多层次、多领域融合发展，探索构建设施完善、消费便捷、体验良好、涵盖城乡的阅读服务网络，着力推动读者IP与大众生活的结合。读者出版集团下辖216家新华书店营业门店和营业网点，覆盖全省所有市（州）、县（区），且所处区位多在城市核心区，具有强大的文化辐射力和品牌影响力。为进一步提升新华书店的文化服务品质，读者出版集团积极推动新华书店全面转型升级，走多功能文化体验空间之路，转变传统书店以书为中心的卖场思维，转向以人为中心的文化空间运营，以满足大众多样化文化需求。

积极探索融合发展之路，已初步实现杂志在线阅读、文字与影像结合的有声读物出版等集文字、音视频为一体的全媒体传播。截至2023年9月，"读者"

[①] 聚焦丨"点·线·端+全民阅读"建设书香社会的"读者方案"[EB/OL].[2022-04-09].http://www.duzhepmc.com/2022/0409/1814.shtml.

[②] 为阅读而生的"读者方案"[N].甘肃日报，2022-05-23.

微信公众号订户数达700多万；《读者》订阅号入驻"学习强国"平台，创设的"每日一读"专栏累计阅读量达1.56亿次；《读者》喜马拉雅频道订户数达600万，音频累计播放量10.8亿次；"读者"品牌连续20年入选世界品牌实验室"中国500最具价值品牌"，品牌价值达到473.69亿元。《读者》的美誉度和影响力得到进一步巩固和提升[①]。

"读者小站"是"读者方案"的重要组成部分，是"读者+"新业态的全新尝试，以多功能、复合式、开放型为特点，融汇公共阅读、文化体验、知识服务、艺术展览、文化讲座、文创产品销售、咖啡茶语等，将读者文化和阅读服务融入大众日常生活，营造良好阅读氛围。2018年至今，全国已先后建成各类"读者小站"20多家。"读者小站"的建成落地、推广运营，给街区社区居民提供了温馨、便捷的阅读空间和交流平台，营造了浓郁的"老百姓家门口的翰墨书香"，得到了社会各界的广泛认可。

读者出版集团充分发挥"读者"品牌优势，创新方式营造阅读氛围，培养阅读习惯，全面参与、有效推进书香社会建设。近年来，读者出版集团大力实施"读者·中国阅读行动"全民阅读工程，通过举办阅读活动、推荐优质图书、组建领读团队、推动校园阅读等形式，推动阅读活动进学校、进机关、进社区、进企业、进农村，"横向到边辐射全国、纵向到底贯穿全省"，多层次、全方位引领阅读风尚。据悉，已举办读者大会、读者讲堂、诗文朗诵会、读者读书会等各类阅读活动千余场。

（二）"职工驿站"数字阅读服务[②]

中国职工音像出版社于2015年10月推出职工教育服务平台"职工驿站"，该平台是集内容、师资、渠道和受众于一体的公益性、普惠性的服务系统。该

---

① 读者出版传媒股份有限公司.读者传媒：以更强品牌优势，为"一带一路"贡献"读者"力量［EB/OL］.［2023-19-12］.http://www.aluzhepmc.com/2023/01912/2518.shtm.

② "'职工驿站'数字阅读服务"入选国家新闻出版署2021年全民阅读优秀项目［EB/OL］.［2022-01-04］.https://www.szws-tv.com/article/gn/24963.html.

项目遵循"立足工会、服务职工"的宗旨，聚焦职工教育培训，打造了"互联网+"时代工会工作全新形式。"职工驿站"的理念是"工作在哪里，学校就在哪里，梦想就在哪里"。其最大的创新之处在于把职工日常所需的学习、活动资源集成在平台中，通过手机、平板等移动设备，让职工可以不受时间空间限制，利用碎片化时间开展学习、掌握技能，自主参加各种活动。"职工驿站"既是工会运用互联网思维开展工作的重要载体，又是满足职工教育服务需求、帮助职工提升素质、实现自我价值、拥有更多获得感的综合一站式平台，开创了职工教育培训新天地，构建了职工教育培训新格局。

"职工驿站"面向全国所有职工免费开放，实现了学习对象全覆盖。任何一名职工，无论在什么地方工作，从事什么职业，都可以免费下载使用"职工驿站"，全国各地各行各业的职工都有资格和条件成为"职工驿站"的教育培训服务对象。截至2021年底，全国已有31个省市自治区160多个地市县工会和企事业单位及行业协会专门发文推广"职工驿站"，受惠职工遍布全国各行各业。"职工驿站"平台的资源内容全面、丰富多样。包括永远跟党走、阅读空间、技能培训、工匠学院、法律培训、学历教育等二十多个主题板块，拥有海量的微视频和电子图书等数字化学习资源。每条微视频都是一个知识点，通俗易懂，简短易学，职工想要学习的内容，基本都能够在"职工驿站"得到满足，实现了让全国职工不用买书、不用借书、不用带书，就能拥有一个免费的移动图书馆的目标。

职工可以利用"职工驿站"一年四季365天随时随地进行学习，学习时间完全由职工自己掌握，不受任何限制。职工什么时候想学，都可以进入"职工驿站"，不受传统学习模式的限制。"职工驿站"这种学习时间全天候、联系职工移动化的创新实践，极大地简化了流程、提高了效率、拓展了空间，积极推动了全民阅读与新媒体技术的紧密结合，满足了职工多样化的需求，有利于增强服务职工的针对性和实效性，使广大职工拥有更多的获得感。"职工驿站"把相关教育、活动和服务植入平台中，每个职工都可以根据自己的需要自主选择学习内容，也可以根据个人的兴趣和爱好自由参与各类活动，还可以随时展示自身的发明创造、优秀技能和个人才艺，也可以与专家学者、工会干部以及其他用户进行线上互动交流。学习的主动权完全掌握在职工的手里，学习时间、学习内容完全由职工自己决定。

"职工驿站"实现了学习阅读与培训就业一体化。中国职工音像出版社整合出版资源，融合中国职工电化教育中心教育培训优势，积极探索、持续发力，形成了线上学习与线下实践相结合、技能培训与素质教育相结合、普惠式培训与订单式精准培训相结合、教育培训与就业创业相结合的常态化创新服务模式，实现了学习阅读与培训就业一体化，将技能、培训和就业等服务送到职工手中。在"职工驿站"线上教育顺利开展的基础上，中国职工电化教育中心（中国职工音像出版社）重点开展了包括企业管理培训、直播电商专题培训、网络安全培训等多类别多班次的线下职工教育培训。仅2021年全年培训对象就有近3.4万人。通过为职工提供实实在在的学习阅读和教育培训优质服务，不仅提升了职工的技能水平和综合素质，也助力职工实现了体面劳动、阳光就业，不断满足广大职工日益增长的各种需求，促进了工会联系服务职工常态化、高效化、便捷化、精准化，大大提高了工会组织的凝聚力和号召力。

第四节 以资源服务商为主体开展阅读推广活动

许多社交化的阅读App受到更多年轻人青睐，如简书、豆瓣阅读、掌阅、喜马拉雅有声阅读等。他们通过为读者提供准确的阅读内容，同时增加社群化互动，从而更有效地促进阅读。

一、喜马拉雅有声阅读模式

喜马拉雅FM创立于2012年，2017年发展成为国内第一大音频制作平台[1]，2021

---

[1] 艾媒网.2017年中国知识付费市场研究报告［EB/OL］.［2021-12-23］.http://www.iimedia.cn/c400/59925.html.

年喜马拉雅FM已经成为国内第一、全球第五的书籍类手机应用[①]。将图书进行有声化一直是喜马拉雅FM经营的重点内容。本节主要介绍喜马拉雅讲书栏目，它的目的是对严肃类图书进行精讲、推介，与公共图书馆阅读推广工作内容相对类似。

喜马讲书是喜马拉雅FM的官方战略级自制栏目，成立了专门的制作团队负责节目的制作和运营。栏目选择各个领域的专业人士，由他们作为"讲书人"对播讲图书的主要内容、基本框架、中心思想等进行梳理，撰写成文字稿。项目组对文字稿进行后期的编辑与加工，再交由专业的主播录制成音频。栏目提供部分试听，听众可以在试听后购买VIP会员继续收听。音频时长通常在25分钟左右，以方便听众利用碎片化时间收听。同时，每条音频配有文字版的精华笔记，方便听众更好地了解音频核心内容，另外，听众还可以利用评论区与讲书人和主播进行互动，讨论读书心得。从选书范围看，喜马讲书力求广泛，所选图书涵盖了文学、历史、哲学、经管、心理、传记、科普等多个领域的经典著作和畅销著作。在特定的节日，节目还会制作专题讲书，播讲相关主题的图书。节目的受众广泛，最主要受众为80后、90后人群，其中忠实粉丝多为有充实知识、开阔视野、提高修养需求的学生、白领等群体。由于节目统一了制作规格和讲解风格，听众只要具备高中及以上的学历水平，就可以听懂不同领域的图书内容。

喜马听书不仅是喜马拉雅FM平台的头部自制栏目，在全网新媒体讲述栏目的收听率方面也处于前列。喜马讲书栏目的规范时间要求是25分钟左右，以每分钟250字的播讲速度计算，平均用7000字的篇幅讲通、讲明白一本书，这为听众节省了大量的时间成本。"忠实传递价值"是喜马讲书栏目的内容规范要求。与一些新媒体上的一分钟读书、三分钟读书栏目不同，25分钟的讲解时间可以避免对图书讲解的过于碎片化和片面化，有利于把图书中一些重点知识内容梳理出来，避免听众在听书时只记住了一些名词，让听众知其然也知其所

[①] 2021年全球书籍类应用软件收入排行：Piccoma吸金超10亿美元位居第一，喜马拉雅第五［EB/OL］.［2021-12-31］.http://www.ithome.com/0/594/246.html.

以然。当然，即便节目使用25分钟讲完一本书，也无法把书的内容讲得面面俱到，对于书中重要知识点和信息点的遴选就显得尤为重要。喜马拉雅的讲书人，大多是各个行业的专家、资深书评人等，在讲书稿的后期编辑方面，也要经过特别仔细认真的打磨，以最大限度保证图书馆中的主要知识点和信息点传递给听众[①]。虽然喜马拉雅的讲书人多为各个领域的专业人士，也讲解了大量专业领域的图书，但不讲行话、用大众能够听懂的语言进行讲解，是节目对讲述文稿语言的基本要求。讲书人语言相对通俗，方便听众了解专业领域知识。通过常年的积累，讲书栏目建立了内容相对丰富的讲述音频体系，作为线上音频节目，其一大优势就是可以反复收听、随时随地收听讲书内容。针对已有的讲书音频，为了方便不同群体的收听需要，还拆分了不同的专辑，从而提高了公众了解图书内容的效率。

二、掌阅"圈子"阅读模式

掌阅iReader，是我国一款手机阅读应用软件，该应用以其高仿真的翻页效果、仿真书架风格以及个性化电子藏书室，赢得了很多读者的喜爱，在移动阅读市场具有优势。掌阅还顺应当前阅读趋势，推出自己的阅读器，扩大了自己的品牌影响力。掌阅2021年度平均月活跃用户数达1.5亿，2021年掌阅平台用户数字阅读时间分布均匀，人均阅读时长、人均听书时长、最长阅读时长较2020年分布上涨23.39%、35.71%和17.07%[②]。其囊括了畅销、生活、文学等类别的图书数字版权42万册，年发行15亿册。掌阅的主要功能板块是其书城功能，在"书城"里，用户可以通过分类选择查找到自己想要的书籍下载和阅读，既可以通过查看掌阅的排行榜来挑选书籍，也可以通过搜索框直接搜索自己需要的

---

① 张峰，左苾.新媒体知识付费栏目对公共图书馆阅读推广工作的启示——以喜马拉雅FM"喜马讲书"栏目为例：2022年国家图书馆青年学术论坛论文集[C].北京：国家图书馆出版社，2022：83-90.

② 中国新闻网.掌阅公布2021年度数字阅读报告 这些内容获青睐[EB/OL].[2022-01-14].https://baijiahao.baidu.com/s?id=1721911851162805109&wfr=spider&for=pc.

书籍。

　　掌阅的"圈子"模块设置，使之成为一个阅读体验分享平台。掌阅在客户端的发现频道中设置了"圈子"这一模块，利用阅读中形成的各种关系，放大阅读的社交功能，并形成与阅读主模块的相互推动。掌阅中的圈子主要有两类[①]，一是单本书的书圈，大家在里面讨论图书内容，和作者、其他读者进行互动，读者在阅读前可以通过圈子来"追更""等更"。"追更"主要是获取书籍更新信息，比如作者什么时候更新，什么时候这本书有优惠等；"等更"过程中可以利用圈子构建自己的预期，如和其他书友一起分享剧情走向，理解已完成的章节中的隐含暗示，讨论接下来的剧情走向，使得等更过程更加愉悦。另一个是话题圈，与圈里的书友进行互动交流，深度互动的用户还可能成为圈里的管理员。掌阅的圈子比QQ空间的交友更加广泛，又比贴吧的讨论更聚焦，具有独特的吸引力。一方面，它集合了"写评论""打分""催更"等丰富内容，另一方面，在这里想要结识相同爱好的人极为容易，因为每本书都有一个书圈，你可以轻易地找到该作者的其他作品，以及你喜欢的同类型作者、同类型作品。"圈子"是掌阅利用关系进行阅读推广的一个特色功能，但掌阅的"关系营销"不停留于"圈子"，还策划了各种基于"关系"的主题阅读推广活动。比如发起某位明星的营销新玩法，通过活动引导粉丝书写与偶像相关的成长故事，在青年中传递正能量。利用读者间关系所建立的圈子文化以及基于读者与偶像间"粉丝关系"的阅读推广活动在我国虽然还处于起步阶段，但其在提升读者的阅读"粘性"，增强阅读魅力方面的价值已经得到验证。

三、薄荷阅读——100天训练营

　　薄荷阅读是百词斩旗下的英文书阅读项目。主要以每期收费的方式在微信

[①] 中国日报网.掌阅书友圈成了空间、贴吧之外的"第三世界"？［EB/OL］.［2017-12-25］.https://baijiahao.baidu.com/s?id=1587746932304542213&wfr=spider&for=pc.

平台上运营，以官方微信公众号推送的阅读内容加微信群文字讲解、答疑的方式开课，借助月均活跃用户9亿多的微信平台，该项目实现了促进读者合理利用时间，有效提高英语阅读能力的预期。学员以碎片化的学习模式，报名该项活动，拟在100天完成挑战4本英文名著阅读学习任务。它的阅读推广组织方式有如下特点：活动前期，薄荷阅读广泛借助微信关系链，同时结合其他宣传手段进行传播，与感兴趣的读者相遇，吸引他们的关注；通过前期的词汇量测试，实现分级阅读的科学划分，充分调动目标读者的参与兴趣，增强读者的自我效能感以及胜任感，帮助读者完成能力匹配与需求匹配，实现读者对该阅读计划的价值感知。在报名时，为不同读者提供分级阅读的可供选择的书目，充分为读者提供自主性支持，通过兴趣引入调动读者的情感参与。目标读者实现认知参与和情感参与的同时，触发了行为参与。当读者确认参加并报名后，加入学习微信群时，与不同人的交流和沟通，让读者产生更加活跃的参与感，进一步强化了阅读动机。

　　随着新媒体的迅速崛起，信息早已不是稀缺资源，但是有价值的、容易被接收的阅读内容变得稀有而珍贵。在阅读活动过程中，薄荷阅读把每本书进行优化，分解成章节，以提供优质多元的内容为核心，旨在给读者创造良好的阅读体验。该项目通过巧妙的参与节点和游戏规则的设计，提供核心的线上阅读内容服务，让读者回归阅读本身，主要体现在为读者提供优质阅读资源这一外部驱动因素，充分调动读者的阅读积极性，帮助读者在信息碎片化时代持续、系统、高效地获取所需知识，解决读者不知道怎么阅读、阅读什么内容的困惑。该项目顺应了碎片化阅读趋势，将阅读文本拆解再重构，使加工后的碎片化阅读内容形成结构化张力，同时配合讲解文案，使得原文变得更好理解、易读且有趣的同时，也为参与者提供了在碎片化时间进行深度阅读和自我提升的可能性。

　　薄荷阅读为每一期的参与者组建共同的微信群，充分融合了共读机制、反馈机制、互动平台等驱动因素。读者在微信群中日常的互动、交流和分享，形成了以互动分享为动力的群体型聚合，以归属认同为核心的兴趣型聚合。薄荷阅读运用移动互联网产品和游戏产品中常用的用户激励方式，例如签到、打卡、积分、任务、排名等，使阅读也有了创新玩法和反馈界定，用丰富的游戏规则激励参与者坚持阅读，并鼓励读者自发向身边的人进行宣传扩散。对于读者来说，一方面是通过活动获得实际奖励，另一方面是通过自我展示的方式，对自己的阅读形成持续的内在激励，认可自我阅读的价值，读者基于阅读中的情感参与和认知参与，也会自发总结自己的阅读经历和感受，还会在线下或者线上社交平台上进行分享和评价，形成一个完整的全媒体时代阅读参与过程。

第五节　以民间组织为主体开展阅读推广活动

在当前全民重视阅读的大环境下，全民共建阅读生态圈成为共识，除上述提到的阅读推广主体外，我国的民间阅读组织也成为推动全民阅读发展的重要力量之一。与专业的阅读推广机构相比，民间阅读组织的组建主要基于读者的个人愿望和共同兴趣，对阅读推广工作具有更大的渗透力和影响力，更贴近基层群众的阅读生活。民间组织往往以"读书会""书屋"等形式出现。目前，我国的民间阅读组织包括民间阅读社团、读书会、读书俱乐部和虚拟阅读社区等。他们以社会团体为核心，将阅读理念通过讲座、论坛、读书活动进行传达，重视读者参与，引导读者形成阅读意识，积极获取团体成员的阅读信息，从而构建有效的阅读推广反馈体系。对优化本地区阅读生态环境、延伸政府职能和图书馆功能展现出充分优势，成为衔接各种社会资源的桥梁与纽带[①]。

---

① 刘灵芝，陈书梅.全民阅读推广与书香社会建设主体责任解析［J］.中国经贸导刊（中），2020（11）：173-174.

一、民间组织开展阅读推广的必要性[①]

（一）满足人们自我成长的需求

民间阅读组织不仅仅作为一种社交组织而存在，其阅读文本、交流思想的过程本身就是学习提升的过程。有助于人们打开自我成长的无限可能性，拓展精神空间，开阔人生视野，有助于塑造理性、开放和独立的个体。民间阅读组织不仅具有推广阅读的作用，还给予爱读书之人获取知识、提升自身文化素养、满足阅读需求的平台，丰富了人们的精神世界，以塑造更好的人格、提高精神文化素养等。如今随着社会发展速度的加快，人们无论是在哪个岗位都需要不断地学习新的知识来进步，大众重视自我提升的意识越来越强。人们通过参加民间阅读组织，通过阅读与交流，不仅加强了对独立思考能力的训练，知识系统的自我完善，对于自我认知的提高都有益处。阅读组织同时作为社会交往的平台，随着规模的扩大，参加成员数量逐渐增多，不仅可以拓展交流，推广阅读，同时还可以结交更多志同道合的朋友，共同探讨进步。

（二）适应社会发展的需要

民间阅读组织的读书会具有开放性等特点，前来参加读书会的社会各界人士有着不同的成长背景，工作性质各异，人生经历与体验也各不相同。大家通过读书而聚集在一起，平等、深入地交流，加强了自我认同感和责任感。因此，民间读书会在现代的都市生活中扮演着增进社区融合、促进居民间建立深入稳定的信任关系、增进社会团结与和谐的重要角色，对于社会稳定、阅读氛围的构建都起到了重要的作用。另外，民间阅读组织还承担着社会教育的作用，许多阅读组织共读的书目包括古今中外的优秀人文著作，书友们通过阅读和交流，汲取了许多文化知识，社会教育对他们的塑造也很重要。而且，除了学校里受到的基础素质知识培养外，工作后的社会教育、自我学习，也占据了人生学习与生活的重要部分。书籍对于灵魂的滋养，不仅仅限于知识的储备量

---

① 赵一琳.全民阅读背景下民间阅读组织运营模式问题研究[D].保定：河北大学，2017.

增加，还有思维的拓宽。阅读的力量通过时间慢慢渗透到我们的心灵中，使得其更加纯净，增加人生厚度。在遇到不同的状况时，会从多个角度，冷静地思考分析，不会盲目冲动地去处理。在表达自己的想法时，变得有条不紊，也更懂得自己。与人相处时，更具有包容心，增强了理解力和责任心，懂得自处和与他人相处，增强了集体意识、团队协作能力，所以民间阅读组织的社会教育功能很重要，对社会的稳定发展很有意义。同时，民间阅读组织作为阅读推广的实践者，不仅为大众提供了良好的阅读服务，也培养了国民良好的阅读习惯，对提高大众独立思考的能力、促进社会创新的活力、激活发展潜力、提升社会阅读氛围、淳化社会风气都有重要的影响。

二、民间阅读组织运营模式与特点

民间阅读组织既有商业盈利性的，也有公益性的。目前具有商业性的民间阅读组织主要有樊登读书会、悠贝亲子图书馆、第二书房、总裁读书会等；公益性的民间阅读组织主要有同道学园读书会、深圳彩虹花公益小书房、一起悦读俱乐部、爱阅公益基金会等。

（一）盈利性阅读组织的运营模式

盈利性民间阅读组织的运营主体主要为民办非企业单位；运营方式主要为会员制收费、与政府或其他社会机构合作等；运营内容主要有图书及文创产品的售卖、内容知识付费等。运营对象为中青年知识群体及儿童。运营渠道主要以城市社区为依托，发展线下分会。通过线上邀请名家讲座、微课，线下定期开展主题沙龙、多种类主题读书活动，与出版社、媒体、书店、电商等积极开展合作，推介新书，互利共赢。

例如，由著名阅读推广人士李岩、刘称莲夫妇创办的第二书房，是国内首家以家庭教育为主题的社区连锁图书馆，一个以阅读为载体的社区社交平台，2013年第二书房橡树湾馆被评为"北京十大阅读示范社区"。第二书房为孩子们打造了一个舒适的阅读空间，这里以阅读为主，再组织读书会、故事会、专家讲座沙龙来帮助孩子们培养阅读兴趣。创始人李岩，工作经历较为丰富，从事过媒体和网络等方面的工作，在工作中积累了许多经验与人脉资源。第二书房积极与政府开展合作，主要合作模式是官助民营，金中都分店通过与北京市西城区文化委员会等单位合作，享有政府提供的会员办卡补贴、免费场地和资源的推广服务，第二书房主要负责图书馆的运营。很多省市都开始效仿让民营品牌的图书馆和政府强强联手推动全民阅读，"第二书房"开始进入快速复制时期，目前已经在西安、大连、太原等城市开设分馆。

第二书房以会员制为主要运营模式，办卡会员可借阅书籍，每次最多可以借阅6本书。图书的领域以儿童和家庭教育为主，包括绘本、科普百科、儿童文学等。第二书房还开发了图书捐赠功能，捐赠的书写入捐赠人姓名，发放代金券可抵用现金，以此鼓励人们进行图书资源的共享，共同致力于阅读推广的工作，起到推动全民阅读的作用。第二书房在基础图书方面选择很多与家庭教育相关的书籍，同时邀请专家来与父母们面对面交流，做了很多讲座与沙龙，还有读书会、工作坊，希望通过这些活动提升家长的养育素质，邀请过尹建莉、刘兴诗、付小平、林巨等教育专家；针对儿童，除了准备经典、丰富的图书以外，还会组织相关活动，比如作者见面会、绘本故事会、创意绘本手工、国学系列讲座、绘本美术延伸课等[①]。第二书房还积极与音频平台合作，创新多元化的阅读推广方式，让更多人参与进来。2015年，第二书房与北京人民广播电台移动网络广播平台"听听FM"共同推出了首个网络电台亲子阅读节目《娟子妈妈讲故事》，节目中不仅有好的阅读故事分享，还为收听的家庭赠送书籍，培养孩子的阅读兴趣，进行图书资源共享。2016年4月，第二书房与北京阅读季联手开展"百城千群万里书香"公益阅读推广活动，首次借助互联网立足北京辐射全国，有效推进全民阅读最新尝试，创新阅读推广的方式，在全国300多个城市建立1000个微信群，覆盖地市以上城市，每周定期举行专家讲座、草根达人分享、线上共读等活动；线下同时开展大型同城图书漂流阅读推广活

---

① 个人图书馆.专访李岩：谈社区连锁图书馆"第二书房" [EB/OL].[2015-12-13].http://www.360doc.com/content/15/1223/10/1427567_522467873.shtml.

动，经过报名，每个家庭每周可以收到一个漂流书包，书包内包含不同主题的图书，每一个漂流书包都是一个流动的图书馆。通过图书漂流的方式传播阅读影响力，这不仅是对知识的传播，也是图书资源的共享，阅读习惯的培养，这样的做法对于推广全民阅读起到了良好的推动效果。

（二）公益性阅读组织的运营模式

公益性阅读组织运营主体主要包括阅读团体、公益基金会和个人；运营方式为培养义工和阅读推广人员，与社会多方开展合作等；运营资金来源主要为政府资助、社会捐赠、个人出资等方式。运营内容主要是阅读分享与推广。运营对象主要面向社会广大人群。运营渠道主要是与高校图书馆、公益基金会、出版社、媒体、书店等合作方开展公益活动，推广阅读。线上邀请嘉宾组织讲座或主题讨论，线下定期组织书友会和阅读推广活动。

例如，公益小书房是为儿童文学读者搭建的一个公益性平台，它通过网络读书社区和网下读书会的形式，为儿童文学读者提供自己评论、自主交流、自发组织阅读活动的机会，共同分享阅读的快乐。深圳彩虹花公益小书房[1]，2011年正式注册为民办非企业单位，成为深圳市首家依法登记的民间亲子阅读推广机构。曾被评选为优秀民间读书会，荣获"深圳市全民阅读推广示范项目"。深圳彩虹花公益小书房以"推广亲子阅读理念，构建亲子良性沟通渠道，让孩子体验到阅读的乐趣"为使命；以"阅读童年，收获梦想"为愿景；重点关注社区家庭亲子阅读成长和流动儿童家庭阅读状况。运营对象为0—14岁的儿童及其家长、社区、学校、幼儿园、教育一线的老师们。经过几年的发展有较为清晰的组织架构，有精细的责任与分工。机构核心管理人员约50人，注册义工680多名，讲师团29人，参与活动的义工1000多人的庞大队伍，建构起完善的组织架构，有清晰的责任和分工。有顾问团、理事会、监事会和秘书

---

[1] 子亥女马.深圳彩虹花公益小书房荣获优秀民间读书会［EB/OL］.［2016-01-19］.
http://blog.sina.com/cn/u/1609473171.

处，职能管理下设宣传部、培训部、网络服务部、义工管理部等[①]。彩虹花公益小书房的常规活动主要有两种类型：一是亲子读书会，每周在各个站点都有举办。每年年初，各个站点就会将一年里各期活动的主题确定下来，每个月会有2名义工妈妈作为策划人，负责召集义工、选择书目、策划活动。二是线上阅读分享。彩虹花公益小书房有自己的微博、网站，还有5个千人QQ群，分为管理群、分享群，每个群都有信使会定期发布信息。在全民阅读网上每个人还有自己的活动圈子。每一期阅读活动都会在小书房儿童阅读网上刊登活动预告、报名及活动的详细记录，做到了活动的公开、公益，获得了合作方及参与家庭的极大好评，也得到了孩子们的喜爱。在网上分享开展亲子阅读推广活动、推荐各种优秀儿童书目、交流和分享亲子阅读经验。彩虹花公益小书房主要公益项目有四个[②]。彩虹花梦想书包：机构品牌项目，服务城市流动儿童家庭，提供优质借阅书包及儿童阅读引导服务。彩虹花讲师团：以提供儿童阅读推广指导服务为主，承接各类阅读活动以及培训，并开展阅读课程的研发等课题研究。公益小书房联合阅读：联合全国各地的小书房组织，在全国范围内培养志愿者，推动各地小书房组织的持续发展。彩虹花亲子读书会：彩虹花基础公益模块，在深圳市各地区定期开展各类主题亲子读书会服务。

第六节　智慧图书馆阅读推广主体跨界合作

综合上述对各类阅读推广主体的概述和分析，可以看出大部分是"单打

[①] 彩虹花公益小书房：从讲故事开始［EB/OL］.［2023-03-15］.http://www.szbaike.com/social/culture/c-service/2023-03-15/5477.html.

[②] 中国教育新闻网.深圳市彩虹花公益小书房阅读推广机构建设报告［EB/OL］.［2018-06-06］.http://www.jyb.cn/sq/201806/t20180607_1102339.html.

独斗"地开展阅读推广活动，也有一部分已经通过合作举办阅读推广活动。公共图书馆依然是阅读推广的重要主体，拥有专业的阅读推广人才。其他的阅读推广主体会对推广工作起到一定的辅助作用，且这些不同主体显示了各自的优点和亮点。若能让各主体之间的优势充分地结合，加强交流，比如政府出台相关阅读政策媒体大力宣传阅读的重要性，同时图书馆阅读推广人积极开展阅读推广活动，其他群体如短视频学习博主高频推荐自己最近阅读的一些书目。实现不同的主体面对不同的读者群体，分工合作，互为补充，发挥优势，将推广效果最大化[1]。推广人自身也需要提升专业知识储备、人文科学素养等，能以最佳的状态解决读者的困惑等。图书馆可规划年度培训课程，定期举办馆内外各类研究学习活动，推广人员自身也需要进行学习，学习更多的专业技能更好地为读者服务。自身先养成爱阅读的习惯才能更好的带动他人，提升阅读推广效果。

一、不同主体开展阅读推广活动的共性和区别

（一）不同主体开展活动的共性特征

首先，均充分利用线上媒介和线下媒介的互补性营造阅读推广的泛化情景，制作更多的阅读触点。通过线上开展娱乐化活动设计，唤起读者对阅读的浓厚兴趣，并利用线上线下多种渠道强化与读者的联系。

其次，均注重互动环节设计，营造动态化、社交化的阅读推广情境。读者不但可以多渠道与主办方互动，而且可以利用阅读社区进行社交活动。

最后，均通过阅读推广活动的品牌化管理凸显其价值定位，优化活动情境体验。围绕阅读推广活动主题设计、品牌符号设计，使阅读推广情感体验感更佳，并有利于形成鲜明的品牌形象。

（二）不同主体开展活动的区别

首先，政府部门更多是普及阅读的好处和理念，从提升全民阅读素养的

---

[1] 徐静怡.传播学视域下公共图书馆阅读推广研究[D].哈尔滨：黑龙江大学，2021.

角度策划基本的阅读活动，能从职能角度调动多方资源和机构；资源服务商组织的阅读推广主要以营利为目的，资源较新，它和民间组织的阅读推广更注重阅读前的情境设计，基于社交媒体的阅读推广善于利用微信等媒介构建关系链，并基于关系链实现与读者的多点接触，为读者排除了阅读选择、决策上的障碍，带来了更多的参与者。图书馆阅读推广则更注重阅读中情景的设计，更重视读者在参与阅读推广活动中的体验，通过精细的设计丰富读者体验。

其次，资源服务商和民间组织的阅读推广更倾向于利用长期激励效果的情景设计方式，图书馆阅读推广往往利用有助于提升活动及时参与度的情景设计方式。资源服务商和民间组织发起的基于社交媒体的阅读推广，通过每日阅读推广任务、阅读打卡、签到等方式，使得情感参与和认知参与互为促进，大大提高了活动的长期可持续性。

最后，资源服务商和民间组织阅读推广注重读者与阅读资源之间的联系，将阅读资源解构、推送等作为情境设计的重要因素，使服务情境融入阅读推广活动之中。这种情境设计本身创造了一种阅读策略指导服务，有助于提高读者的阅读技能和阅读效率。

二、智慧时代公共图书馆跨界合作模式

目前公共图书馆在开展阅读推广活动中，渠道比较单一，这种模式适用于形式较为简单、传统的阅读推广活动，或者渠道功能具有特殊性的阅读推广活动。比如，公共图书馆利用其线下场所举办系列讲座、展览等；利用某一App搭建线上竞赛平台或者线上共读空间，读者所有行为在线上进行；依托朗读亭开展作品录制和上传等活动。单渠道模式的利用较为广泛，该模式具有操作简单、可行性强以及时空成本低等优点；但是缺点也明显，由于渠道的单一性，活动的设计和开展仅仅依托于有限条件，因此在读者规模和可兼顾性方面，在

活动形式丰富性、创意性方面都存在缺陷[①]。

智慧时代，公共图书馆应该多与其他阅读推广主体合作，取得共赢。这些主体合作模式如下图。

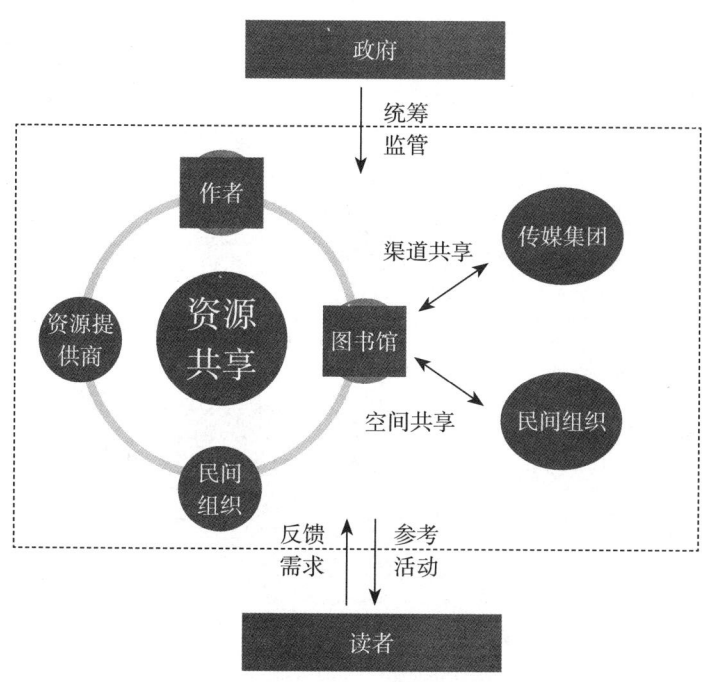

图3-1 阅读推广主体合作模式图

信息资源作为图书馆阅读推广的根基和保障，是十分重要的，恰恰出版行业和资源服务商所掌握的阅读资源比公共图书馆要丰富，并且更新、更前沿，因此在资源优化方面，公共图书馆可以与出版界、资源服务商合作，力争为读者推广更好更新的阅读资源。而传媒行业对于阅读推广的渠道则更加专业和规范，公共图书馆可以与之合作，拓展阅读推广渠道，比如线上线下同步开展，线下讲座，线上直播，扩大读者参与范围，方便不能参加实地活动的读者，弥补空间限制等；或者是渠道承接，不同时间段采用不同的渠道，比如，先是开展线上竞赛、答题，后期开展线下的专家授课、颁奖等活动；丰富活动形式、

[①] 黄琳，李桂华.图书馆阅读推广渠道融合路径及其对读者关系构建的影响[J].国家图书馆学刊，2019，28（06）：10-20.

提升读者的活动参与效果，强化读者的参与体验。民间组织在阅读推广空间构建和环境搭建方面很有经验，公共图书馆可以与之合作，适应服务活动化对场地的特殊需求进行空间改造，为不同的阅读推广场景选择或者建立合适的空间与技术，提出适合特定图书馆阅读推广实践的阅读推广环境解决方案，如影视欣赏空间、经典阅读空间[①]。

---

① 惠涓澈.图书馆阅读推广需要厘清的几个问题［J］.图书馆研究与工作，2020，No.193（07）：26-31.

第四章
智慧时代公共图书馆阅读推广对象研究

从阅读推广的功能和作用上看，与图书馆其他业务相比，阅读推广是一项具有社会属性的服务活动，阅读推广的性质与用户习惯和需求的关联作用，决定了阅读推广的内容与形式。公共图书馆阅读推广对象是指阅读推广面向的用户，不同群体的用户的习惯、喜好和需求各不相同，因此开展阅读推广工作时应该细分用户，对用户进行分类、分级，明确自己面向的主要用户群体。智慧时代，社会大众的需求、行为、习惯均不断演变发展，公共图书馆应该利用各类新技术精准分析不同类型用户及其需求，为用户提供更个性化的阅读推广服务。

第一节 智慧时代的用户需求与行为分析

一、阅读推广的服务对象

阅读推广是以阅读为主要服务内容的业务，其服务对象是对阅读资源有客观需求的社会组织和社会成员等社会主体，在服务中这些主体称之为用户。因阅读推广的普遍性和社会性，开展阅读推广服务应从社会组织或社会成员的实际需求出发，激发阅读兴趣，满足其全方位的阅读需求。

阅读推广通过激发阅读兴趣，培养阅读习惯来促进人的发展，这与人本主义精神和图书馆的价值追求一脉相承。一直以来，图书馆推崇"以用户为中心""以读者为中心",在面对全民阅读工程建设需要,以及全媒体时代的新技术环境的当下,阅读推广不但应把社会主体作为阅读推广服务对象,而且应将其视为阅读推广活动的重要参与力量[①]。

进入智慧时代,不管图书馆未来形态如何变化,"服务用户"始终是图书馆的第一要务。公众的用户需求是公共图书馆开展阅读推广活动的出发点,也是公共图书馆明确自身定位,提供相应的服务资源、服务内容、服务形式的基础。确立"以用户为中心"来聚焦阅读推广服务,可使整体服务框架焕发新的活力。同时,研究用户需求和用户行为也是对图书馆智慧服务发展规律的高度凝练和总结,以此引领图书馆阅读推广服务中的资源、空间、管理以及服务等要素的整体提档升级。

二、用户需求与用户行为

(一)用户需求

用户需求是用户为需要解决的问题、达到的目标而产生的诉求。对于阅读推广服务来说,用户使用阅读资源有着不同的目的,比如获取知识、解答困惑、娱乐消遣、与人交流,等等。确定用户需求的目的是发现需求背后的本质,采取相应的解决方案或革新措施,进而提升服务效能。值得注意的是,用户的需求常常不能被用户清晰明确地表达,或者用户基于自己的经验和认知并不能完全明确自身真正需求,因而用户需求也分为显性需求和隐性需求。用户的显性需求即为可以直观表达的需求,而隐性需求则需要不断地去挖掘和洞察,往往是难点也是痛点。

(二)用户行为

人的行为广义上来讲,是指人表现出来的活动、动作、运动、反应或行动,是在外部刺激作用下经过内部经验的折射而产生的反应结果,总的来说,

---

① 李桂华.专题前言[J].图书馆论坛,2020,40(01):19.

即在一定动机支配下的主体活动[①]。因而，阅读推广中的用户行为，即"在所有阅读场景下用户为满足自己的特定的阅读需求而表现出来的所有行为"。用户行为按照过程的不同、活动的不同、场景的不同等，可以有多种分类，如按照阅读平台可以分为线下行为、线上行为和虚拟空间行为；按照阅读活动本身可以分为借阅行为、阅读方式、阅读评价、阅读规律等；按照社交活动可以分为交流、讨论、合作、分享等。

（三）研究的意义

用户需求和用户行为是紧密联系、相互作用的，需求是产生行为的内驱力，行为是满足需求的执行力。随着社会多元化的发展、互联网新技术的突飞猛进、新媒体的不断涌现，用户的阅读行为、阅读需求和阅读心理都有了较大的变化。阅读需求呈现出多元化、移动智能化、人性化、动态化、个性化、集合式知识需求的特点，阅读行为也趋向于碎片化、圈层化、场景化、社交化，因而研究分析用户的需求和行为，能够为用户提供群体化、精细化和个性化的阅读服务，在一定程度上提升阅读推广服务的效果，体现图书馆的价值。

目前，知识性社会极大地提升了阅读的便利性和丰富性，拉动了用户的知识需求，阅读推广所处的社会环境已呈现由"供给主导"转变为"需求主导"的趋势。因而，在阅读推广中，用户也逐渐从传统图书馆中的供给思维转变为主动获取思维。图书馆应紧跟时代的发展，察觉到这一变化和趋势，寻求长远发展。

三、智慧时代阅读推广的用户需求的变化

随着信息时代的来临，大数据、人工智能等技术已开始对社会的各个层面产生了巨大的影响，用户的阅读需求也随之发生着变化。与传统的阅读需求相比，智慧时代的用户需求产生的一系列的变化，主要体现在以下几个方面：

---

① 范少萍，郑春厚.行为心理视阈下基于知识网格技术的用户知识获取模式构建[J].山东图书馆学刊，2011，No.125（03）：82-87.

（一）多元化

智慧时代，信息技术和社会环境的发展不仅改变了人们的生活方式，也加速了社会的变革，用户的阅读方式、休闲方式、沟通方式和支付方式都发生了很大的变化。用户的阅读需求从纸质化转向了数字化，从纯文本阅读形式转向了听书、公开课等多载体的多媒体阅读，阅读内容从整体阅读变成了知识单元阅读，用户通过阅读不仅可以获取知识、答疑解惑、消遣娱乐等，还可以参与知识互动和虚拟世界阅读。从主流到小众，从群体到个体，用户的阅读需求在阅读资源、阅读主题、阅读内容、阅读服务、阅读平台、阅读场景等方面都体现出了多元化的趋势，这也对阅读推广服务提出了更高的要求。

（二）移动智能化

随着5G技术、无线通信技术的发展，信息网络打通了社会各要素之间的时空阻隔，形成了万物互联、无处不在的泛在网络，用户可直接通过移动互联网在各种智能设备上完成阅读活动。移动化改变了用户的阅读方式和社会交往方式，用户的阅读重心也逐渐从纸质书阅读转向了移动端阅读。因而，基于移动互联网的阅读平台建设、阅读资源优化、阅读体验升级、阅读信息的有效推送，都伴随着用户的需求增长而影响着阅读推广服务的发展。

（三）个性化

在强调个体发展的社会环境下，由于个体差异，每个用户的阅读需求都是不同的，用户对图书馆的阅读资源、阅读服务、阅读平台、阅读场景需求日益多元的同时，开始追求定制化、个性化的阅读服务。同时，因阅读资源庞杂且缺乏有序性，用户希望降低自己的阅读选择难度，消减获取有效信息的障碍，通过用户的自身特性和实际需求，定制适合自身的个性化阅读体验。

（四）动态化

用户的阅读需求是受时间、空间、实时状态、社会环境、社交活动等各种因素影响，虽然用户的整体需求在某一特定时间保持恒定，但需求会随着各种因素的变化而产生相应的变化，因而，在阅读推广服务中需要时刻以发展的思维来审视和评估用户的真实需求，以便及时做出调整。

（五）人性化

智能化设备提供的阅读服务满足了用户现代生活方式和快生活节奏下的阅读需求，技术的发展使得用户对阅读服务的便携性、易用性等体验也有了更高的要求。拥有良好的用户体验意味着具备更强的竞争力、更多的用户和更广阔的市场。用户体验围绕着用户需求展开，用户更倾向于接受体验更友好、更人性化的阅读服务。通过良好的用户阅读体验，建立更人性化的阅读服务方式，满足用户的内在需求和差异性需求，也是用户期待的发展方向之一。

（六）集合式知识需求

新媒体时代，海量的信息和资源充斥在用户周围，在碎片化阅读的背景下，一些用户更希望在不耗费大量时间和精力的情况下，获得集合式、深层次的知识服务。因此，用户会倾向于在一些权威的网站或是信息平台上，快速且一站式地获取准确、高质量且精细化加工过的知识，并且会选择多种的知识展现形式来帮助自己更好地理解与掌握。如观看纪录片、《百家讲坛》等知识性节目。

四、智慧时代阅读推广的用户行为变化

新技术的蓬勃发展，对社会的理念和模式产生了巨大的挑战和影响，受到阅读终端的移动化、资源的数字化、阅读时间的碎片化、知识体系构建的开放化、社群兴趣的多元化、用户阅读习惯的个性化等因素的影响，用户的思维方式和行为范式也产生了一些变化。读者的阅读行为不仅与阅读主体个人因素（如阅读动机、阅读兴趣及需求、文化水平等）有关，更与个体所处的社会环境因素（如政治、经济、教育、文化及技术环境等）有关。与传统的阅读需求相比，智慧时代用户的阅读行为产生的一系列的变化主要体现在以下几个方面：

（一）碎片化

碎片化主要分为两个方面，阅读时间的碎片化和阅读内容的碎片化。随着生活节奏越来越快，阅读时间碎片化、情境和空间快速切换使得用户很难在一

个封闭的、持续静态的环境里保持阅读。而碎片化的阅读内容多是由新媒体生产，它往往是某一知识的整体概括，或是某一个小的知识单元的集中反映。碎片化对于娱乐消遣并不会有太大的影响，但是会给阅读，尤其是长篇、深刻的阅读带来很大的障碍，在碎片化的时间和内容下，用户会会进入一些浅层性的阅读活动，难以进行深入阅读。

碎片化是一把双刃剑，在一定程度上，时间和内容的碎片化会进一步推动阅读的碎片化，而过于碎片化的阅读也会产生一些矛盾与冲击。当今社会的阅读环境中需要承认碎片化的价值，但是也要在阅读中超越它们，克服它们所带来的一系列问题

（二）圈层化

圈层是存在某一共性或目标的人群组成的圈子，他们不受时间、空间、年龄等因素的限制，以共同热爱为基础，通过社会化媒体、移动服务，强化圈层内部的连接与交流，用户可以在圈层中分享、互动、提升信息流动的效率。拥有相同阅读爱好的群体会自发地互助互利、相互服务，在这一过程中实现自发式阅读推广的过程和目标。

（三）场景化

随着智慧时代技术的发展，时间、空间、环境、虚拟现实等多维度构建出来的阅读场景，已融入人们的生活，比如移动阅读场景、家庭阅读场景、基于地理位置的阅读场景，等等，这些场景或固定、或动态变化，但用户在不同的阅读场景下总会有不同的阅读需求和阅读行为。

（四）社交化

社交媒体的发展，使社会成员之间能够有效地互动，进行信息传递，这种信息传递可以是双向的，也可以是多向的，它加深了用户对群体化阅读的参与感。用户在产生社交活动的同时也建立了社交网络，可以在社交化的行为中，发表阅读心得，分享阅读内容和阅读服务体验。

第二节　智慧时代阅读推广中的分众识别

用户是用户需求的主体，用户分类决定了用户的需求，与此同时，用户的不同信息需求也将用户群体分成不同的类型。进入智慧时代，阅读推广中的用户群体分类也产生了一些变化，主要考虑从以下几个维度进行分析：

一、自然属性维度

目前传统的阅读推广对象主要是从用户的自然属性维度上进行划分的。自然属性主要体现在用户的基本信息上，包括年龄、性别、地理位置、职业、学历等。自然属性是相对静态的、固定的。例如：按照年龄划分，可以将用户群分为儿童、青少年、年轻人、老年人等；按照用户的职业划分可分为科研工作者、大学生、艺术家、商人、工人等；按照群体特殊性划分可以分为盲人、残障人士、留守儿童、特殊群体等；按照地域区域划分可以分为少数民族人群、农村人群、发达地区人群和欠发达地区人群等。

需要注意的是，图书馆作为公共文化服务机构，在阅读推广服务中要为全体社会成员提供平等的服务，并在服务过程中体现人文关怀，保障社会弱势群体获得图书馆服务的权利。因而在阅读推广服务中要注重加强对特殊群体的关照，细分特殊群体用户，根据用户属性不同，创新服务形式，提供更加人性化、便捷化的阅读推广服务。国内已有很多学者对这些细分群体进行了阅读推广服务模式的研究，如田菲[1]讨论了新时代乡村人群的阅读推广，王琳[2]对残障人士的有声阅读推广进行了研究，邵建萍[3]讨论了特殊儿童群体阅读推广服

---

[1] 田菲，徐升国.新时代乡村阅读推广的思考［J］.出版广角，2022（12）：35-39+96.

[2] 王琳.公共图书馆残障读者有声阅读推广策略研究——以内蒙古图书馆为例［J］.图书馆学刊，2022，44（03）：76-79.

[3] 邵建萍.关于构建特殊儿童阅读推广服务体系的思考［J］.晋图学刊，2014（01）：42-45.

务，王虹[①]对农村阅读困难群体的阅读现状进行研究，等等。

基于自然属性的用户分类来考虑用户阅读需求，可以在一定程度上反映群体间的总体用户特征和需求共性，并且可针对某一群体进行专属的阅读推广服务。但利用基本属性大类来划分用户时，因分类标准单一，用户群体过于庞大，会忽略内部个体间的差异性和不同分类人群的交叉性，且活动举办者在用户需求思考中会带有主观主义和权威灌输的问题，不能很好地达到预期的阅读推广效果。

随着社会信息化和数字化程度的不断加深，用户的知识需求、信息获取方式和阅读方式都产生了很大的变化，传统的阅读推广用户分类已难以满足用户日益增长的阅读需求，且不能充分反映时代的进步。同时，图书馆资源丰富、类型多元、价值分散，如何从海量资源中找出满足用户的阅读需求的资源也是图书馆面临的一个问题。

相较于传统时代的用户群体需求分类，除了自然属性维度之外，智慧时代还呈现出另外两种用户分类维度——兴趣偏好维度、社交属性维度。

二、兴趣偏好维度

随着各种社交媒体、网络平台成为人们生活中不可或缺的一部分，具有共同兴趣和目标的用户会通过网络聚合成不同的用户群体。这类群体跨越了年龄、地域、职业等自然属性因素，完全以兴趣偏好作为区分的要素。阅读兴趣相合的用户群体最显著的特点就是群体需求会呈现出群内的相似性和群际间的差异性，并且用户黏性强，用户在加入兴趣群组后的活动中便实现了阅读推广的过程。同时，不仅是大众化的阅读需求，一些个性化和小众化的阅读需求也会因此被集中发现。

---

① 王虹.农村阅读困难群体的内在贫困——以黑龙江地区为例[J].图书情报工作，2017，61（14）：78-84.

三、社交属性维度

随着网络社交平台、内容社区和元宇宙的发展，它们的开放性和交互性为用户与用户之间阅读资源获取、传递发挥了重要的作用。用户不仅是信息的使用者，更是信息内容的创造者与传播者，用户在利用资源的同时也在传播和分享知识的价值，通过讨论、引用、分享等互动行为，构建起社交关系网络。以用户在社交群体内相似关注点的信息为纽带，可以建立起基于不同主题内容、学科、兴趣、信息的社群关系，并建立起用户群体的知识网络关联，进而形成不同的用户群体。群体内成员不仅能够进行有效交流，还可以进行有效信息的分享与推荐。这种分类维度摆脱了群体间线上线下的时空壁垒，借助社交媒体形成成员间的交互和联动。同时，分析群体属性，还可以建立动态的社会网络关系图谱，在聚类相似群体、揭示群组需求、发现意见领袖、评估活跃度等指标上，都有着重要的作用。

第三节　智慧时代基于大数据的用户分众识别新技术

一、用户画像的概念

用户画像最早是由"社交之父"Alan Cooper在1998年提出来的，他侧重于探索用户的动机，认为用户画像是基于用户真实数据的虚拟代表，而非真实存在的用户。后来，随着大数据、人工智能和机器学习的发展，很多学者对用户画像的概念与技术进行了完善与补充，用户画像的概念有了一些完善和转化。Amato等将用户画像定义为一个从大数据中获得的、用户信息组成的形象集合[1]。余孟杰[2]

---

[1] 郭宇，孙振兴，刘文晴，等.基于数据驱动的移动图书馆UGC用户画像研究［J］.情报理论与实践，2022，45（01）：30-37.

[2] 余孟杰.产品研发中用户画像的数据模建——从具象到抽象［J］.设计艺术研究，2014，4（06）：60-64.

认为，基于大数据分析，用户画像能够把抽象的数据转化为虚拟的人物来代表个人的需求、喜好等，以此来更好地推断一个真实人的需求。随着用户画像的不断发展，学者们开始通过大数据、机器学习的方式，挖掘全方位、立体化的用户标签体系。

在图书馆领域，图书馆通过收集分析用户的基本信息、行为习惯、兴趣偏好、空间环境等数据，运用聚类、关联规则以及各类数据挖掘的方法将其抽象化，得到用户特征，提炼出关键指标与标签，从而得到"用户画像"，以此挖掘读者的显性需求和隐性需求，使图书馆资源与用户需求能够精确匹配，实现图书馆的精准化服务。因此用户画像主要包括三个元素：用户属性、用户特征、用户标签。

二、用户画像的构建方法

数据是刻画用户画像的基础，一般来讲，数据在一定程度内粒度越小，内容越充分、准确，用户画像就越细化，用户画像的准确度就越高。对于图书馆而言，用户数据主要包括基本信息数据和动态数据两类。

用户的基本信息数据即年龄、性别、城市、学历、职业等自然维度的基本信息，用于勾勒用户画像的大致轮廓。

动态数据主要包括用户行为数据、用户偏好数据、情景感知数据、网络社交维度数据等。用户行为数据是指用户在利用图书馆的过程中产生的大量数据，包括用户科研活动数据、用户阅读行为数据（借阅数据、借阅内容、阅读方式、阅读评价、阅读时间等）、用户社交活动数据和用户体验感受数据等，它是一个不断发展的变量，反映了用户的行为特征和潜在的需求内容。用户的偏好数据是集中反映用户兴趣和喜好的数据，如定向目标检索、点赞、收藏、订阅等，还包括使用用户行为数据等聚合出来的一些隐性用户偏好数据[1]。情

---

[1] 刘巧英.基于用户行为数据的图书馆微服务内容研究[J].图书馆学研究，2017，No.415（20）：63-66+46.

景感知数据即对用户产生作用的周围环境数据，如天气、地点、时间、心理状态等。网络社交数据即用户的社交网络关系图谱等数据，通过合作、转发、评论、分享等互动行为产生。动态数据主要来源于在线的社交平台数据、数据库使用数据、传感器数据、用户自述数据等，可以通过社会调查（问卷、访谈）、网页数据采集、网络日志、数据库导出、设备监测、第三方商业数据平台等途径获得。数据按照相关规则筛选和清洗后，便可以按照一定的逻辑规则进行归类与分析。值得注意的是，这些数据需要在不侵犯读者隐私的前提下合理获取、使用与管理。

在总结既往学者的研究后，我们认为在阅读推广服务中，主要可以从以下三种用户画像构建方式入手：

（一）基于用户行为的用户画像构建

分析用户行为是用户画像构建的重要内容。Nasraoui[1]等引入了数据挖掘技术，通过对用户的网络日志进行分析、聚类得出用户行为模式的不同分类，以此得到特定群体的用户画像。肖云鹏[2]等通过对用户真实数据进行分析，设计了用户行为的表征量表，研究用户驱动力的动力学指标，提出个体行为动力学模型，分析用户个体行为和影响。黄文彬[3]等通过分析移动网络基站数据，从用户周期性活动规律、频繁活动规律和移动速度三方面构建出可反映用户每日生活规律和速度的移动用户画像。此种构建方法的核心是从大数据中抽取对象用户的行为习惯数据进行收集与深入挖掘。在图书馆阅读推广中，可以搜集

---

[1] NASRAOUI O, SAKA E.Web Usage Mining in Noisy and Ambiguous Environments: Exploringthe Role of Concept Hierarchies, Compression, and Robust User Profiles [C] //From Web to Social Web Discovering & Deploying User & Content Profiles, 2006（4737）: 82-101.

[2] 肖云鹏, 李松阳, 刘宴兵.一种基于社交影响力和平均场理论的信息传播动力学模型 [J].物理学报, 2017, 66（03）: 233-245.

[3] 黄文彬, 徐山川, 吴家辉, 等.移动用户画像构建研究 [J].现代情报, 2016, 36（10）: 54-61.

用户的检索、查阅、文献传递、访问频率、网络行为等行为数据和周期活动规律、频次规律等动态规律，分析用户在不同群体和阶段表现出的行为特征、变化过程和动机因素，基于此发现用户的群体分类、群体间差异和群体间需求，以此建立较为准确的用户画像模型。

（二）基于用户兴趣偏好的用户画像构建

用户的兴趣偏好是目前学术界和商业界的关注的热点之一。Pazzani[1]等根据用户生成的标签对用户兴趣进行分析，总结用户兴趣档案的建立方法。王庆福[2]通过分析用户数据、商品数据和平台数据，利用贝叶斯网络构建了用户兴趣模型，进而刻画用户画像，并应用在内容推送领域。李冰等[3]通过采集历史数据样本，利用K-means聚类算法建立卷烟零售客户的用户画像，并据此提供智能推荐服务。对于图书馆来说，可以从搜集用户表达过的兴趣、点赞、收藏、分享、情感倾向性态度等方面入手构建，主要包括两个方面：一是基于读者用户通过调研或是问卷等表达出来的显性兴趣；二是采用隐式分析对用户的兴趣进行搜集与推理，建立潜在兴趣的用户画像。值得注意的是，兴趣偏好会随着时间、地点和社会环境而不断变化，因而要考虑相关因素，构建与用户最合适的用户画像，精准捕捉用户的兴趣敏感点。

（三）基于主题的用户画像构建

即通过用户使用的各种的主题资源来建立用户画像。Abel等关注的是Twitter用户的用户画像，利用话题标签、实体和话题的方法，通过语义来不断提高用户画像的精准度[4]。林燕霞等用各类微博主题进行特征属性提取，由此

---

[1] PAZZANI MJ, BILLSUS D.Content-based recommendation system [M] // The Adaptive Web.Heidelberg：Springer-Verlag, 2007：325-341.

[2] 王庆福.贝叶斯网络在用户兴趣模型构建中的研究 [J].无线互联科技，2016 (12)：101-102.

[3] 李冰，王悦，刘永祥.大数据环境下基于K-means的用户画像与智能推荐的应用 [J].现代计算机(专业版)，2016 (24)：11-15.

[4] 孙晶晶.基于BTM主题模型的微博群体用户画像研究 [D].秦皇岛：燕山大学，2019.

建立不同微博主题下的用户画像，从而对用户进行分类。在图书馆阅读推广中，可以利用话题跟踪、知识发现、主题挖掘等方式，分析出不同用户群体的阅读内容需求，构建出以资源内容主题为基础的群体划分。以主题为基础的用户画像相较于其他方法而言，可以通过主题资源和知识的细致描述推断出用户的兴趣多样性，实现用户与资源的关联。

三、用户画像的层次分类

在传统时代，受数据采集和技术水平的影响，只能利用定性的数据描绘模糊的、简单的用户群体形象。智慧时代用户画像实现了精准化。

在图书馆阅读推广服务中，用户画像可以在整体、群体和个体三个层次展开。

（一）整体用户的用户画像

整体用户即在某个阅读推广活动中的用户群整体，把握和分析用户整体的共性是非常重要的。有的阅读推广活动的对象用户可能会比较单一，整体用户群体虽会包含多个用户子群，在人口统计学上也有差异，但通常在一定的共性情境下，一般人群的需求和行为特征是有共性的。此时整体用户的用户画像会对一些共性的阅读习惯、阅读模式、阅读偏好有整体性的分析。

（二）群体用户的用户画像

阅读推广服务中，通常要制定群体性的阅读推广策略，所以群体用户画像是非常重要的一个方向。因阅读推广形式丰富、内容庞杂，基于用户画像的阅读推广服务，能够有针对性地对阅读推广服务中的资源、场景、模式进行规划，提升服务效能。群体画像通过收集和识别用户各种属性信息，如基本信息、社交信息、兴趣偏好信息等，按照确定好的属性间相似度计算方法，构建出用户相似度计算模型，并通过统计、聚类、社会网络、可视化等数据挖掘方法将用户群体进行分类，最后提取每个分类中的共性要素，绘制成群体用户画像。不同的阅读推广活动可以根据活动目标和活动效果，选择不同的用户群体维度和构建方法，有针对性地、精准地面向目标群体开展。

（三）个体用户的用户画像

个体的用户画像是针对单个用户的个案分析，用户画像构建过程中会采用尽可能详细的标签对用户进行描述，揭示出个体用户的自然属性、阅读喜好、阅读习惯、情感色彩和需求特征等。个体用户画像通常会用在个体用户身上以打标签的方式呈现，标签的多少代表对该个体用户了解的深浅。在阅读推广服务中，尤其是移动阅读App等平台上，个体用户的用户画像能够了解用户的阅读行为和兴趣，为其提供更加个性化、精准化、定制化的阅读服务，提升用户的阅读体验。

四、用户画像在阅读推广中的应用

用户画像能够较为清晰地描述读者用户的群体行为特征和需求，因而已在商业、金融和互联网领域广泛使用，各领域可以通过用户画像进行个性化推荐、广告推送、营销活动推送、互联网产品运营，等等。例如，音乐软件的推荐歌单、知乎上的推荐话题、抖音中的视频推送、微信朋友圈的推广广告、购物App的促销活动等等。

在图书馆的阅读推广服务中，用户画像主要可以从提升精准化服务、个性化服务、需求变化和用户主观能动性等方面为图书馆提供助力。

（一）预测用户需求，实现精准化的阅读服务

传统的图书馆阅读推广一般是以图书馆为推广主体，侧重于将专业的资源与内容传递给普通读者，推广方式由活动主体驱动，呈现出自上而下的、单向化的、供给式的特点，阅读的资源和价值由推广主体传递给读者用户。但是这种形式的阅读推广，一方面会带有推广主体的主观性，以自然属性作为分类标准，进行无差异化的阅读推广服务，并不能代表用户的真正实际需求，反而降低了用户的阅读体验和阅读推广的效果。另一方面，图书馆海量的资源不能得到合理利用，供给和需求不能有效进行匹配，导致大量的资源和人力财力浪费，不利于阅读推广服务的良性发展。因此，要始终做到从实际用户需求出发，找准阅读推广服务的立足点和切入点，避免工作人员"想当然"地代表了

读者的需求。

用户画像能够解决这个问题的痛点和难点,实现精准化的阅读推广服务。阅读推广中采用群体用户画像技术后能针对用户海量的基本信息和行为数据进行深入挖掘与精准分析,在建立模型后,聚类具有相似度的用户群体,精准挖掘用户群需求后,为阅读推广服务提供有针对性的借鉴,提升阅读推广服务的效能。精准化服务会提升用户的阅读体验,用户的阅读满意度也会随之提高,并且建立与阅读推广活动的黏性。

同时,可以通过用户画像,在有相似阅读需求、兴趣偏好、阅读习惯的用户之间建立关联关系,形成读者关系图谱,进而形成社群化的阅读群体。

(二)为用户提供个性化的阅读服务体验

在图书馆的阅读推广服务中,活动的规模、内容、形式丰富多样,但不能完全满足用户多样化和个性化的动态阅读需求,用户画像作为一种成熟的分析工具,可以有效地解决这一问题。应用在阅读推广中的个性化服务是将读者的兴趣偏好、行为习惯、知识领域等关联信息进行收集分析,并描述成用户偏好的知识集合,图书馆可以利用这个集合来进行资源推荐,最终提供满足用户个性化需求的知识资源。用户画像可以深入挖掘用户的典型特征,清晰体现用户的信息全貌,识别不同的阅读需求群体,将图书馆的大数据转化成惠及用户的知识价值,从而为阅读推广的群体化、个体化推荐提供定量的支持,为用户推荐与之匹配的阅读资源。个性化的阅读服务也意味着图书馆正在向以用户为中心的主动服务的转型,通过不断提高服务水平,实现资源的合理利用,提升用户体验。

(三)重视用户的需求变化

部分用户需求是处在动态变化的状态中,时间的迁移、个人的成长、地理位置的变化、社会环境和技术环境的变革都会对用户的兴趣、行为有着不同的影响。海量的用户数据标签比传统的用户模型更具有灵活性,也更注重用户的需求变化。图书馆也要建设相应的阅读推广效果和满意度反馈机制,及时感知用户需求的变化,挖掘用户的隐性需求,不断对模型进行完善和调整,对阅读推广服务的机制和模式进行优化，做到为每个用户提供更好的阅读服务，提升用户满意度和获得感，实现知识的传递与创造，践行图书馆传承文明、服务社会的宗旨。

（四）发挥群体用户的主观能动性

与传统的阅读推广用户相比，在社会化的智慧时代中，具有社交属性的用户群体并不局限于被动地接受知识，而是会主动地分享和参与到信息和知识的传递中来。不同于传统阅读推广的被动地、单线地传播，群体内部的阅读、交流、分享本身就是一种自发性的阅读推广方式。用户画像为识别兴趣相似的用户群体提供了可能，一方面，阅读推广可以集中对某一些小的群体进行垂直深度的阅读推广，注重用户群体内的阅读交流、知识分享和阅读互动，在群体之间产生认同感，形成了自发且持久的阅读推广效果。另一方面，可以根据本用户群体的特点寻找意见领袖作为推荐，在宣传中叠加领袖效应，在用户群体中产生共鸣，进而提升用户的阅读意愿，促进群体性的阅读行为。

第四节　智慧时代用户需求下的场景化阅读推广

在传统的图书馆时代，用户更加看重图书馆的内容和形式。但是进入智慧时代，随着移动互联、大数据、元宇宙等新技术的兴起，加之用户需求与行为的变化，场景的意义就被强化了。场景化阅读推广是以场景为出发点来理解用户的需求和行为，因而，场景也是一种新的用户服务思维。

一、场景的概念与理论

（一）场景

"场景"一词最早出现于艺术作品中，如电影、戏剧等，代表在特定时空下由特定的人发生的特定活动。[1]后来被传播学家梅罗维茨引入社会学、传播

---

[1] 段知雨.基于场景理论的图书馆移动阅读推广服务模式研究[J].图书馆学刊，2022，44（03）：91-94.

学等学科领域，其含义也逐渐转变为在一定的时空范围内，人与周围情景环境关系各个要素的总和，包括场所与景物等硬要素和空间与氛围等软要素。2014年罗伯特·斯考伯和谢尔·伊斯雷尔在《即将到来的场景时代》中预测，未来的25年，互联网将进入场景时代这一新时代，场景传播实际上就是特定情境下个性化传播和精准服务[1]。国内学者彭兰也指出，和传统的以PC端为主的互联网传播相比，移动时代场景的意义巨大，移动传播的本质就是基于场景的服务，它是对场景的感知和信息的适配。[2]

（二）场景五力理论

罗伯特·斯考伯和谢尔·伊斯雷尔同时提出了场景的五力理论[3]。五力即构成场景的技术趋势，它指的是移动设备（Mobile）、大数据（Data）、传感器（Sensors）、定位设备（Location-based）和社交媒体（Social Media）。移动设备即智能设备、可穿戴设备等可实现人与机器智能化对接的载体；大数据不仅可以真实反映用户的需求，还可以通过个人数据、公共服务数据等的有机结合，计算并预测用户的需求、偏好和导向；传感器可以对用户的各种数据进行实时捕捉、传递、储存和处理；社交媒体能够通过社交环境获取用户的喜好、目标等，理解用户作为一个独立个体的社交场景，是个性化服务的源泉；定位系统即可以基于定位收集用户信息、并提供匹配服务。场景五力理论将抽象的、模糊的场景变成了具体的、可量化的场景，为相关领域的融合与发展，提供了新的思路、开拓了新的视野、迈向了新的方向。

随着互联网时代的技术发展，场景在阅读推广中的意义也在得到不断强化，场景不仅包含人与人之间的关系模式，也包含了人与阅读内容、人与阅读服务的关系模式。线上与线下、虚拟与现实、固定与移动、空间与情境等多维

---

[1] 孙振虎，李佳咪.新技术依托下电视媒体创新发展路径探析［J］.电视研究，2018，No.342（05）：22-24.

[2] 彭兰.场景：移动时代媒体的新要素［J］.新闻记者，2015（03）：20-27.

[3] 罗伯特·斯考伯，谢尔·伊斯雷尔.即将到来的场景时代［M］.赵乾坤，周宝曜，译.北京：北京联合出版社，2014.

度构建出的阅读场景，不仅改变了用户的阅读需求、阅读行为和信息传递方式，同时也在重构一种区别于传统的、新样貌的阅读环境。阅读推广的目标是满足用户各种情况下的阅读需求，场景作为智慧时代的一个新入口、新核心点，要想实现对用户大数据的感知与分析，就要求阅读推广主体能够构建出丰富的智能阅读场景，并根据用户需求的不同进行匹配，提供精准化、个性化的阅读服务。

二、场景的构成要素

场景不仅可以分析和理解个体性的用户需求和用户行为，也可以用来研究群体用户。针对用户的共性化和个性化的场景需求，场景的构成主要分为以下几个要素：

（一）空间与环境

空间与环境即用户在特定的空间和相关环境特征的总和，不同的空间与环境，对应着用户的不同需求与行为。用户使用场景又分为固定场景、移动场景和虚拟现实场景。固定场景即用户在相对静止的状态下所处的空间环境，它通常是稳定的，如在图书馆、在家里的阅读的场景。移动场景是时空场景不断切换的场景，比如从工作场景向学习场景或是娱乐环境的切换。虚拟场景是在虚拟空间中的场景，如元宇宙中用户的各类虚拟场景，与现实活动的方式有部分区别。

（二）时间

时间有很多维度的变化。可以是一天或是一周的周期性时间轴，也可以是节假日、季节变化，时间可以是无序性的也可以是规律性的。不同的时间场景变化中，用户会根据时间的不同产生不同的需求和行为。

（三）用户的实时状态

用户实时状态即用户在当前特定空间与环境、时间下的实时状态，这种状态可能会基于之前的用户惯性和规律，也可能是一些偶然性的状态。将用户的实时状态与其他场景因素结合起来分析，可以调高对用户场景把握的精准度。

目前，用户实时状态数据一方面可以通过一些穿戴设备进行用户的实时感知与获取，另一方面可以通过空间环境中的一些传感器设备进行获取。例如用户在书店各区域的传感器可以记录用户群体组成、停留时间、浏览图书量等。

（四）用户习惯

受到之前经验的影响形成的思维与行为的惯性，用户在不同场景下的行为模式会有一定的规律。阅读推广平台等可以通过用户习惯来进行针对性的推荐，因而这种习惯相对比较私人化和个性化。

（五）社交活动

用户在社交活动时，会在社交媒体中表达出喜好、态度、目标等信息。可以通过分析这些社交活动信息，推断并预测出用户的需求行为，为其匹配相应的阅读场景。

三、基于用户场景化的阅读推广服务实现路径

场景思维本质上也是用户思维。目前，场景化时代已经在商业、互联网和新媒体等领域中成熟运用，场景时代或已到来，并且将不断地影响着用户的生活。

在科学技术、新媒体和社会环境的变革下，人们的阅读需求和阅读方式都发生了巨大变化，从静态阅读到动态阅读，从个人阅读到互动阅读，从纸质阅读到移动阅读，从阅读图书到听书观影，技术变革推动了阅读方式的不断演化。阅读场景也不再局限于图书馆、家里、书店等传统阅读空间，它通过智能设备伴随着通勤、运动等各种场景。移动设备、大数据、传感器、定位设备和社交媒体作为场景时代的技术趋势，丰富了用户场景的阅读体验、适配体验和空间感知体验。而今，语音交互、机器学习、虚拟显示技术的创新应用，场景化的阅读可以为用户呈现更加有沉浸感、体验感和交互性的新奇体验。同时，根据不同的空间环境、时间、用户状态、习惯和社交活动等场景要素进行精准匹配，也体现了场景服务的人性化和精准化。

国内一些学者对场景化在阅读推广服务中的应用也做了一系列的研究。岳

修志[1]根据场景的相关研究，提出图书馆数字资源阅读推广场景构建的三个内容，即数字资源的场景化、阅读空间的场景化、用户与阅读推广的角色化。徐慧[2]分析了数字赋能下的图书馆阅读推广场景化服务模式的四个要素，提出了数字赋能下图书馆阅读推广场景化的创新路径。李泽华等[3]将移动场景理论引入高校图书馆阅读推荐服务，设计了适合移动场景阅读推荐的资源提供单元、阅读推荐单元、用户体验单元和推荐算法单元。赵苹[4]通过引入"智慧化场景"的概念，分析智慧化场景和场景生态运行机制，探索从智慧馆员、特色馆藏资源、空间与环境等角度，论述精准化的教学支持场景及其应用。

在阅读推广服务中，传统的阅读推广主要是通过主题阅读活动、阅读教育活动、平台端推广活动和多机构合作推广等模式实现。智慧时代飞速变革，过去传统的粗放式、同质化、自上而下的阅读推广方式已无法取得应有的效果。场景化的服务拓展了图书馆阅读推广的模式，能够使图书馆借助新理念、新技术，深入挖掘用户的阅读需求，搭建与用户需求相符合的阅读场景，采用阅读推广场景化模式，创新阅读推广服务，提升用户的阅读热情，提高服务成效。

阅读推广服务中的场景化服务主要是从以下几个方面来实现：

（一）阅读平台的场景化

智慧时代，移动数字阅读成为主流的阅读方式，阅读平台也是用户进行阅读活动的重要载体。首先，针对目前市面上已经成熟的各种图书馆阅读类App，通过收集、分析，挖掘各类用户信息数据，将结果反馈给用户，根据当

---

[1] 岳修志.图书馆数字资源阅读推广的场景构建研究［J］.高校图书馆工作，2021，41（03）：78-83.

[2] 徐慧.数字赋能的图书馆阅读推广场景化服务模式研究［J］.河南图书馆学刊，2022，42（11）：6-9.

[3] 李泽华，刘宝瑞，李宛真.基于移动场景的复合推荐系统设计［J］.中国新通信，2021，23（01）：39-41.

[4] 赵苹.基于智慧化场景构建的高校图书馆教学支持服务研究［J］.晋图学刊，2022（02）：28-33.

前时间和此时用户状态为用户提供个性化难度和个性化节奏的阅读内容、阅读进度与阅读方式，从而提高用户的阅读效率和学习效果。未来，希望可以在平台的功能迭代中，强化对用户阅读场景构建的升级与改造，通过基于用户阅读行为等大数据分析的用户画像的构建，为用户提供一个集合知识图谱、用户感知、图像识别、语言识别、自然语言集成化处理等技术的，提供数据服务和智慧服务的图书馆智慧阅读服务平台[①]。

其次，针对目前较为成熟的新媒体商业平台，如抖音、B站、微博等平台，图书馆可以制作发布不同主题、类型的阅读推广资源，借助商业平台本身成熟的用户感知和推荐机制，完成阅读推广的过程。

同时，还可以建立线下的阅读空间，比如地铁站、写字楼周边、社区，通过不同的场景化需求，进行分类设计，并建立用户反馈机制，及时调整阅读推广服务的策略。

（二）阅读资源的场景化

资源是阅读推广服务的基础、前提和保障。智慧时代，数字阅读资源逐步成为图书馆阅读推广的主要载体形式。不仅包括传统的电子图书，也包括听书、公开课、短视频、网页信息、知识单元等。在针对不同的阅读推广服务时，我们要对资源进行多元化的整合，对用户可能使用的场景进行分类，并优化用户资源获取体验。同时要结合推广对象群体的阅读需求和阅读习惯，提升资源被检索到的精准度，强化资源与用户之间的关联，助力用户获得优质的阅读体验。

（三）用户服务的场景化

场景分析的最终目标是要为用户提供特定场景下的适配信息或服务。因而，我们不仅要理解场景中的用户，更要迅速找到与用户适配的内容或服务，并通过合适的方式反馈给用户，比如基于地理位置的信息推送、服务推送，实

---

① 高弧军.人工智能阅读与图书馆阅读推广[J].图书与情报，2018，No.180（02）：125-128.

现线上线下的联动等。场景适配就用户范围而言，也可以分为标准适配和个性化适配。标准适配可以通过群体用户画像和现场的环境感知来分析获取。个性化适配可以通过大数据、用户画像等技术分析个体用户的各种信息数据，精准分析出个体用户的阅读偏好，构建契合其偏好的阅读场景，实现个性化的阅读推广服务。场景对用户的适配可以是迎合其需求和行为特点的，也可以是引导的，因而可以建立相应的用户反馈机制，持续收集用户的意见、建议以及满意度，以此进行不断优化。

（四）虚拟现实的场景化

随着5G、VR、AR、全息影像技术的日渐成熟，以及元宇宙不断照进现实，基于虚拟现实构建的阅读场景可重塑图书馆服务方式，打造立体式的可视化场景，读者进入书中情境，与书中的人、物进行即时互动，调动起用户的感官刺激，增加阅读的趣味性、真实感与临场感，极大地带动了用户在阅读推广服务中的沉浸式阅读体验，更好地激发出用户的阅读热情。针对不同的用户群体，也可以设计相关的虚拟阅读游戏，激发用户的求知欲和兴趣，并采用虚拟现实和真实现实"线上线下相结合"的方式，拓宽阅读推广活动的深度，如为小朋友群体设置故事沉浸游戏，为大学生打造全息影像的阅读活动体验等。

智慧时代，移动互联网的传播，带来了阅读方式和社交场景的变革，场景化的阅读体验本质上是朝着一种更加人性、友好、关注人的意愿和主观能动性的方向发展。但是在基于场景的阅读推广服务中，也要注意保护用户的自然天性，保持自然的生活状态和良好的社交网络关系。场景和数据是为了服务用户，数据与人之间要保持一定的平衡，切莫本末倒置，作茧自缚，将用户服务困在固有的数据里面。

第五节　智慧时代基于推广对象开展阅读服务的转型发展

一、转变为以用户为驱动力的阅读推广服务

阅读推广是图书馆工作中非常重要的组成部分之一，在智慧时代的背景下，我们要坚持"读者第一，用户至上"的理念，以用户驱动阅读推广服务。用户驱动的阅读推广对于图书馆和用户来说是相辅相成、互相成就的，它同时也反哺了智慧时代图书馆的变革与发展。一方面，可以提升图书馆的资源利用率，合理分配资源。针对不同用户群体的需求开展不同的阅读推广活动，为用户提供精准化的推荐与指引，使图书馆充分发挥自身价值，提高资源的针对性，将特定资源和服务与用户需求直接对接，实现了资源与用户的良性互动。另一方面，根据用户需求可以开展个性化的阅读服务。根据目标用户群体的兴趣、情境、专业需求等，推荐带有指向性的用户所需资源与服务，实现资源的精准分配与推荐，最大程度满足用户的个性化和差异化需求，提升阅读推广的效果和满意度，扩大服务范围，形成良好的口碑与阅读氛围，实现智慧时代图书馆的价值。

因此要以用户的视角来思考问题，重视用户的阅读需求和阅读体验，注重提高资源与用户需求的契合度，切实解决用户面临的各项问题，为读者提供优质的阅读服务，保持与用户间的良性互动。

在阅读推广服务中，以上要求对图书馆业务提出了新的更高要求。首先，图书馆要更加注重提高智慧化阅读推广服务主体的管理和服务能力，重新梳理好智慧化阅读推广服务的流程，主动对接用户的智慧化阅读需求，积极扩展各类阅读资源的供给类型、供给范围，同时推动图书馆阅读推广服务空间智慧化转型，全景式推动用户的阅读推广服务的变革。

其次，图书馆应以区域协同发展理念为引领，关注一些弱势群体对阅读推广服务的需求和要求。充分利用数字信息技术，分析各个弱势群体的阅读需求和阅读水平，进而有针对性地进行服务定制，继而缓解城乡区域阅读资源分配

不均衡的问题，提供普惠式的线上阅读资源，以线上线下相辅助的形式提升阅读资源供给数量，不断提高当地居民阅读素养，促进公共文化服务的公平性、基本性和均等性[①]。

二、借助智慧技术推动用户信息向数据化转变

智慧时代图书馆要注重提高数字化、智能化水平。合理运用智慧技术是阅读推广服务转型的有力抓手，图书馆应充分利用阅读资源储备，借助新技术手段，从用户需求侧出发提供阅读服务，从源头把握阅读推广资源和服务的供给方向。

数据是所有现代化分析手段的基石，因而，在智慧时代的转型发展中，要借助技术手段推动用户信息的数据化，主要从以下几个方面入手：

首先是数据收集工作。图书馆可以利用新媒体、大数据、传感器技术等新技术，主动感知并收集用户的各种信息数据，如用户基本信息、借阅情况、用户行为数据、用户偏好数据、场景信息数据等，提高收集读者显性需求的数据频率。相关数据可以通过在线的社交平台数据、数据库使用数据、用户自述数据进行获取，也可以通过社会问卷、访谈、网页数据采集、网络日志、设备监测、第三方商业数据平台等途径获得。另外，还可以借助智能穿戴设备、传感器设备等采集阅读环境数据，用以分析用户的阅读方式。

其次是数据分析与利用。利用大数据、数据挖掘技术分析挖掘用户行为、用户需求、阅读习惯、阅读能力、教育背景等信息，刻画典型的读者阅读偏好、行为、心理、互动关系等用户画像特征，进一步进行用户群体分类，掌握不同群体的画像全貌，进而改进阅读推广模式，为用户群体提供更加精准化、科学化的阅读资源和阅读服务活动。

再次是阅读资源的分析与匹配。充分发挥图书馆资源优势，结合智慧技术筛选、定位，主动匹配符合要求的资源。也可以依据用户的阅读频率、阅读数

---

① 于佳芩.面向2035的公共图书馆阅读服务转型路径研究[D].大连：辽宁师范大学，2022.

量、阅读能力，制定阅读培养计划，对用户进行科学的阅读行为引导。

三、发展基于场景的阅读推广服务

随着新技术的发展，场景理论已不断渗透入各行各业，特别是5G催生出来的"智慧+服务应用场景"的实践落地，推动了信息服务能力的不断提高。阅读推广服务中的场景作为信息化时代乃至智慧时代的一种社会化阅读的新方向，在技术和信息的双重作用下，正在重构着用户、资源和社会环境之间的关系。

数字环境下，用户的阅读方式趋于多样化，其需求也随着环境、社交、兴趣等因素随时变化，图书馆的最终目标是满足用户的阅读需求，因此图书馆要借助数字化技术，根据用户的需求快速切换阅读场景，将用户置于场景化的需求中。

一方面可以基于用户画像为读者用户提供场景化服务。用户基于自身的生活习惯、行为惯性和知识偏好，会在特定的空间、时间等要素下的场景有阅读需求。可以通过智能化的手段基于场景要素对用户的场景进行感知，实时计算场景标签，再通过用户画像等技术分析用户的场景性阅读需求，用关联数据、语义网络、知识图谱等技术为用户提供关联知识的阅读服务。通过资源的融合与移动场景的构建，使用户可以感受到场景化阅读的积极引导，实现沉浸式阅读，提高阅读意愿，从而实现阅读推广目标。针对用户的个性化场景，也可以将其标签化，并将场景标签加入用户画像中，助力实时的阅读推荐与服务。

另一方面，可以对线下实体场景进行空间再造。通过物理空间的再造，丰富实体阅读空间场景功能，增设一些创客空间、多媒体学习区、虚拟阅读体验区、研读小间等区域，将阅读空间向阅读场景转型，丰富用户在阅读中的感受，塑造沉浸式阅读体验，提升用户对线下阅读场景的热情。

四、提供个性化的阅读推广服务

当今社会，随着经济水平和技术水平的不断提高，可以获取的信息与服务逐渐丰富，用户需求逐渐呈现多元化的趋势。但每个个体之间都存在一定的差异性，在强调个人体验的社会环境下，这种个性化的阅读服务需求就变得尤为突出。基于个性化的阅读推广服务最终目标是使个性化数字阅读更贴合用户所思所想，能和用户形成有效的互动模式。

在社会不断发展背景下，不管是图书馆的服务理念，还是服务模式，以及服务手段都发生了一系列改变，且在阅读服务方面逐渐转向以主动服务为主。各种数字化阅读平台的建设，不仅能够为用户提供阅读资源获取的工具，还可以提供个性化的阅读服务，使资源得到合理使用，提升图书馆的阅读推广服务水平[1]。图书馆个性化阅读推广服务便是主要以用户为中心，从满足用户个性化特性需求入手，提供主动服务。

因而，图书馆在进行阅读推广时，应实现阅读推广模式由传统粗放型向精准个性化转变，高度重视个性化的阅读服务，并为其推荐可以与自身需求匹配的资源，更好地满足用户需求。具体可以通过两个方式进行开展。一是，图书馆可以采用动态精准画像技术，建立个人行为和需求模型，构建与用户个性化需求相匹配的数字阅读推广服务模式和资源内容。二是，将用户兴趣作为主要考虑因素，面向用户推荐个性化的阅读资源，保障阅读资源的流动性，促进用户阅读的持续性。

但是在构建个性化的服务时也要注意两个方面的问题。一方面是要保护好用户个人数据与隐私，不发生数据滥用的情况。另一方面，要警惕过于个性化的服务，因为这样会使用户局限在自己的偏好和特定时期的需求里，以至于沉浸在个性化的服务中，关注不到社会化、大众化的信息，给用户造成信息茧房的困扰。另外在提供个性化服务时，也要留心维护个性化和公共性之间的平衡关系。

五、建立用户反馈评估机制

用户反馈作为评估阅读推广服务质量的一个重要依据，要求图书馆在开展智慧时代的阅读推广服务时，要更加地主动关注并重视阅读推广服务中的用户

---

[1] 李东.分析图书馆个性化主动服务实践及其信息组织[J].科技资讯，2022，20（13）：198-200.

反馈，建立良性互动和柔性交流的渠道，通过线上线下各种渠道积极与读者对话、交流，收集读者的阅读需求、建议和评价等，将其作为改进阅读推广服务的重要依据[①]。主要可以通过以下三种方式开展：

一是建立并完善用户反馈通道。图书馆主体应积极公开相关的活动成果，激发读者的反馈意愿，吸引更多用户表达真实的使用体验和参与感受，为持续改善阅读服务提供参考建议。在此基础上，对用户提出的共性问题进行解决和落实，成立馆际间读者反馈数据共享机制，共同促进阅读推广服务的发展。

二是定期开展用户调研，通过问卷或是访谈的形式，对用户的满意度等信息进行定量的统计与分析，以此真实有效地评估阅读推广服务的效果。

三是注重社会的评价。关注网络或各大平台对于相关阅读推广服务活动的实际体验与评价，不仅包括各类媒体的报道与评价，也包括相关的用户评论等，从第三视角客观地来审视阅读推广服务活动的效果。

六、提升用户的阅读素养

阅读素养是指通过对文本（含印刷版和电子版）的理解、使用、评价、反思和写作，以实现自己的目标，发展自己的知识和潜力，以及参与社会活动的能力[②]。阅读素养对于培养终生阅读意识和习惯起着关键作用，是阅读推广服务中重要的一环。碎片化阅读和短视频的兴起也在不断分散着部分人群深度阅读的时间与精力，因此，提升用户的阅读素养与深化阅读推广服务相辅相成、相互促进，理应协调并进、同举并重。

中国新闻出版研究院公布的《第十九次全国国民阅读调查报告》中指出：2021年数字化阅读方式（网络在线阅读、手机阅读、电子阅读器阅读、iPad阅

---

① 武洪兴.基于互联网思维的图书馆阅读推广策略研究[J].图书馆工作与研究，2020，No.288（02）：97-103.

② How does PISA define and measure reading literacy? [EB/OL].[2021-05-20]. https://doi.org/10.1787/efc4d0fe-en.

读等）的接触率为79.6%，中青年成为数字化阅读的主体。且不论是纸质阅读还是数字阅读，文本阅读还是听说阅读，城乡阅读差距都较为明显。因而用户阅读素养可以从以下两方面进行提升：

一方面是数字阅读素养的提升。图书馆在组织阅读推广服务时，要注重培养用户数字阅读的策略、数字阅读的能力、数字阅读的意识和数字阅读道德。首先是对各种数字阅读平台和使用方法进行细致的讲解与宣传，使用户能够在使用智能设备时具备从海量的数字资源中找到所需要资源的搜索、整合能力。同时培养用户对阅读信息的价值判断和内容鉴别能力，使之可以正确合理地利用数字资源来提升自身数字阅读综合素养。其次，提升用户在信息时代主动搜寻和阅读的意识，达到终身学习的目标。再次，要让读者关注到在数字时代如何保护自身数据隐私与安全，并在阅读过程中遵守数字阅读的相关规范与原则。

另一方面是缩小城乡阅读素养差距。阅读推广服务旨在保障公共文化服务的公平性、基本性和均等性，缩小地区差距。首先，要加大对乡村和欠发达地区的资源和数字平台支持的力度，整合当地资源，不断弥合城乡信息鸿沟，积极推广新理念和新服务，惠及更多的读者公众。其次，需要阅读推广服务主体对乡村和欠发达人群开展阅读素养的相关培训，帮助他们提升阅读过程中获取知识的能力，合理利用资源，培养并形成良好的阅读意识和阅读习惯。再次，可以尝试对当地的农村书屋、社区图书馆做长期的定点阅读推广扶持，为当地民众提供获取优质阅读资源的的线下场所，成为当地阅读推广的服务阵地。

第五章
智慧图书馆阅读推广客体研究

  智慧图书馆作为新技术催生的必然产物，目前正处于建设的初期阶段。而在影响图书馆智慧化进程的多个要素中，资源毫无疑问是智慧图书馆的基石。推广客体是推广主体向目标客户推送、推荐的内容，包括促进用户阅读素养提升的客体内容、能直接阅读的数字读物、间接促进读者阅读的客体等。电子书刊报、数据库、网页、音视频、动画等多媒体内容使得客体内容立体化。推广客体是指图书馆计划阅读推广的数字资源、服务、图书馆品牌等。国外学者认为同时推广图书馆的每一个服务是不可能的，所以要清楚地定义推广活动的具体对象。图书馆员应该积极地向图书馆用户和非用户推广图书馆服务、资源和设备。

  对于数字阅读推广客体，国内学者更多地将其理解为数字资源。图书馆在开展阅读推广的资源服务时，应根据社会热点、用户需求把公共网络信息资源与馆藏数字资源相融合，通过深度开发、组织，以及自动或者人工摘要方式提炼阅读内容中的精彩看点，并将其直接推荐给用户[1]。在智慧时代公共图书馆阅读推广工作中，推广客体的发展特点、方向和应用场景发生哪些变化是本章的研究内容。

---

[1] 马坤坤.基于内容营销的深度数字阅读推广研究［D］.南京：南京农业大学，2020.

第一节　不同时代公共图书馆资源建设发展

图书、期刊、文章、网页、图像、CD\DVD、视频、录音带、书信、播客等许多对象都可以叫作信息对象。随着信息化、网络化、数字化的发展，图书馆的信息对象发生了很大的变化。信息对象正在从封闭对象转变为开放对象，从静态对象转变为动态对象，从简单内容对象转变为加载交流和交互功能的复杂对象，从孤立对象转变为与相关应用环境相互连接、融合的关联对象，信息组织的范围也不断扩大[1]。纵观图书馆服务的历次变革，每次都伴随着信息对象形式的变革，而信息对象发展至今大抵可以分为四个阶段[2]。

第一阶段：原始载体文献——甲骨、石板、竹简、绢帛等较为原始的文献载体，阅读活动由此产生，但属于比较小众、高阶层的活动。

第二阶段：通用载体文献——随着印刷术和造纸术的兴起和成熟，推动了纸质阅读的发展，后期又出现了缩微胶卷、磁带、光盘等形式，阅读开始越发普及，但这一阶段都属于线下阅读，阅读交流存在明显的滞后。传统图书馆主要依靠图书馆人力资源开展服务，如通过馆员开展文献借阅、文献复制等到馆读者服务。

第三阶段：数字化文献——互联网环境+文献数字化实现了线上阅读，阅读高度普及、易获取的同时也开始变得碎片化、冗余化。从印刷型文献延伸到网络各种信息，各种富媒体等新型对象不断出现。通过数字图书馆的建设，逐步实现了提供远程数字资源服务、开展线上读者活动等远程与线下相结合的服务方式。随着5G网络、云存储、移动互联网、数字加密、电子签章等技术和硬件的完善，加上数字版权保护、数字版本缴存、数字存储安全等方面技术上的

---

[1] 李印结.信息组织与知识组织比较研究［J］.图书情报工作，2012，56(S1)：278-281.

[2] 周鑫.漫谈智慧图书馆数据变革的发展方向及应用场景：2022年国家图书馆青年学术论坛论文集［C］.北京：国家图书馆出版社.2022：225-233.

突破，文献全面数字化必将成为现实，对数字资源的建设、组织、管理成为图书馆的核心主题，实体文献的核心地位已经被数字文本所取代，开放、互动和弹性是数字图书馆的基本理念，出现了某种知识处理和知识服务的内容，比如知识标引。用户对隐性知识、集体智慧等的需求强烈，即用户的信息需求从分散、孤立、简单的显性信息向聚合、关联、复杂的知识转变，图书馆信息资源组织的对象发生了从显性到隐性、从事实数据到知识的演进，复杂类的文献类型正在出现，而这也推动着文献向第四阶段的转型。

第四阶段：知识化文献——人工智能、数据关联、知识图谱等技术的完善，推动着一个知识化时代的来临。人们对数据的合理性、知识性、便捷性的需求更加迫切。人们通过对数据进行系统组织、整理和分析，使其产生相关性，给予信息以某种"语义"及"语境"并与特定用户行动关联。第四阶段是一次全新的变革，对传统知识组织体系和文献内容碎片化并重组关联，将文献及知识单元的数据可视化、网络化，且数据间的语义关系可以被机器所理解，从而推理发现显性知识背后的隐性知识，大幅度提高人们的阅读和学习效率。并将不同来源的数据进行组织融合，构建多层级、多来源、多颗粒度的可更新扩展的知识服务网络，这将决定图书馆在数据至上的未来能否成功实现智慧化转型。

第二节　智慧图书馆资源阅读服务的特点

各种形式的知识和信息不仅是智慧图书馆的重要资源，也是其服务创新的重要基础，"互联网+"环境下，智慧图书馆阅读服务既包括基于固有的文献资源或信息系统的服务，又包括基于知识资源载体系统中的服务，它借助大数据、云计算和人工智能等先进技术，通过系统集成和对知识资源的集成来挖掘、组织和揭示各类知识资源，保障用户充分共享智慧图书馆的知识资源，为用户提供多元化、动态化和全方位的知识服务[①]。智慧图书馆在开展资源阅读服务时呈现以下几个特点：

一是智慧图书馆的资源阅读服务重点，已经由传统的印刷型文献推广，转变为对数字信息资源和知识的推广，着力对所获取的知识和信息资源进行整理、分析、重新组织和存储，以供用户随时随地使用。当前阅读推广机构在推广电子期刊、电子数据库、机构知识库、数字图书馆等数字资源时，存在资源与用户之间极度缺少相关性的问题，即机构做阅读推广时只将相关书目推荐给用户，缺少对文献本身特点的挖掘，没有重视文献内在价值。在智慧时代，机构阅读推广应该加强深层次资源推广，即通过知识传播带动资源的流动，依靠知识结构关联数字资源。要侧重对书中内容的挖掘、组织、加工，形成知识图谱，融合书中能解决用户突出问题的精华内容，打造知识性的推广信息，不能停留在推广原始数字刊物、数据库，而是加强对细粒度知识单元的聚合[②]。

在资源选择环节，图书馆应该帮助用户快速获得数字资源，为用户提供获取资源的导航。在原来数字资源基础上，做好整合工作，凝练出文摘类、引导类营销内容，对所推广的数字资源做整合化处理，形成主题关联、引导型的信息知识图谱，降低其进行深度阅读的难度，提高其阅读效率。目前网络上海量信息和读者能力及精力有限之间存在矛盾，用户对知识的理解通常是离散和孤立的，而且也不尽相同。因此，需要图书馆对不同渠道的信息进行整合和关联，为读者提供智能且可视化的知识导航。图书馆等机构应该利用语义网等技术对数字资源进行采集、重组、聚合、深度加工，通过网络推荐书目、网络文摘、网络书评、专题或者热点知识推荐和导读，以细颗粒度的方式向用户呈现文本内容、知识以及知识之间的关联，最终帮助用户融合吸收及应用所学知识。图书馆助力用户围绕某个主题或者学习目的开展阅读，通过鼓励输出以检验所学知

---

① 周玲玲.智慧图书馆知识服务创新研究［M］.南京：河海大学出版社，2020.
② 马坤坤，茆意宏，Xiangmin Zhang，等.深度数字阅读推广的内容营销机制研究［J］.图书情报工作，2020，64（08）：32-40.

识的有效性，最终形成一个"收集、阅读、融合与应用"的完整的学习闭环。

二是智慧图书馆在开展阅读服务时，服务人员为了给用户提供更高质量的知识服务，会日益重视提高自己的知识和专业化水平。在知识经济时代，个人的知识和智慧的重要性逐渐凸显。因此，在智慧图书馆未来发展中，会更加强调人的因素，越来越重视服务人员的知识化和专业化水平。为此，图书馆服务人员要特别注意两个方面：一方面是要切实梳理自身服务意识和信息意识，能够以用户的需求为依据，对相关的信息进行收集、整理、分析，并将整理后的信息提供给用户，以有效满足其对信息服务的要求；另一方面是要提高终身学习的意识，不断丰富、完善自己的知识体系，提高自己的综合素质以及应用信息技术的能力等。

三是智慧图书馆未来的知识服务创新，仍然会受到信息技术的影响，智慧图书馆能否进行知识服务创新，会受到多方面因素的影响。其中最为重要的有两个，即社会需求环境和技术手段。对图书馆发展历史进行分析会发现，其在开展服务时，总会受到信息技术的影响。随着信息网络和数字信息资源体系的迅速发展，新的技术不断出现，而智慧图书馆要想进行知识服务创新、提高知识服务的智能化水平，就必须掌握新的信息技术，并有效地应用。

第三节　智慧图书馆资源建设与组织

信息资源主要有数据、信息、知识和智慧等构成。数据是信息资源最基本的对象，是由离散、互不关联的客观事实，孤立的文字、数据和符号组成，是根据某种测度而给出的事实，它的基本特征是缺乏关联度和目的性。人们对数据进行系统组织、整理和分析，使其具有了意义，其产生相关性，就形成了信息。知识与行动和决策密切相关，是人们利用信息做出决策行为的能力，知识创造与环境相关。情报是指被传递的知识或事实，是知识的激活，是运用一定的媒体，越过空间和时间传递给特定用户，解决科研、生产中的具体问题所需要的特定知识和信息[①]。智慧是由智力体系、知识体系、方法和技能体系、非智力体系、观念和思想体系、审美与评价体系等多个子系统构成的复杂系统。智慧包括遗传智慧与获得智慧、生理机能与心理机能、直观与思维、意向与意识、情感与理性、道德与美感、智力与非智力、显意识与潜意识、已具有的智慧和智慧潜能等众多要素，智慧具有前瞻性[②]。

一、智慧图书馆资源组织面临的挑战

智慧图书馆的资源组织不再局限于信息序化或者信息整序的过程，而是关注信息活动中的每个环节，既包括对信息内容与格式、元数据、知识组织体系、信息发布与交流等进行描述，也包括对信息内容或者对象进行动态的链接、登记和重组，通过对信息集成、聚合、重组和分析来发现和提取信息资源中所隐含的知识或者模式，在此基础上构建知识地图，为用户提供随时随地、透明地获得数字化信息资源的服务，对信息资源中的"知识元"进行提取、揭示与关联，以满足用户的动态需求[③]。

（1）信息资源组织分类体系有待改善。从图书馆本位分类到用户本位分类是智慧图书馆资源组织的发展趋势，从基于超链接的文档的网络向基于关联数据的数据网络转变的时代，元数据编目是一种开放性的跨载体编目方式，它对各种类型资源进行描述和揭示，进而为网络的语义化和有序化奠定了重要的基础，如何让信息资源从封闭的状态中释放出来，通过增强关联度，让信息资源参与价值创造的过程将是智慧图书馆信息资源组织的核心。

（2）信息资源集成面临挑战。经过多年发展，图书馆内部（跨库）信息资源的组织与整合、图书馆联盟之间（跨域）的信息资源组织与整合已处于快速

[①] 周晓燕.高校实行图书情报一体化工作初探[J].内蒙古科技与经济，2012，No.264（14）：105-106+108.
[②] 欧阳剑.泛在信息环境下图书馆信息资源组织研究[M].北京：知识产权出版社，2015.
[③] 欧阳剑.泛在信息环境下图书馆信息资源组织探讨[J].图书情报工作，2011，55（19）：68-72+124.

发展中，各图书馆采用不同的链接或者元数据整合的模式对大部分数字资源进行了整合，但资源集成、整合的技术和手段还不够完善，资源集成和整合程度尚有提升的空间。现有的资源内容交叉重复、内容组织关联度不高、影响用户对信息的选择和获取。

（3）服务意识不强，信息组织手段与技术有待创新。目前馆员缺乏营销意识和服务手段，相关技能、知识急需培训和发展，传统的著录、标引中使用的工具与方法已经不能满足智慧时代图书馆发展的需要，现在的信息复杂多样，内容结构复杂，分布式存储造成了信息组织的复杂和异构，本体为核心的语义网络，以数据挖掘、知识图谱等为代表的新的组织方式在知识组织中的应用，将知识组织概念进一步深化，知识组织的目标和任务得到拓展。

（4）用户需求了解和研究有待加强。智慧时代，人们有了更多、更便捷的交流和获取知识的渠道，用户信息需求也发生了重大变化，前期用户主要需要查找并获取信息资源，目前随着素养有所提升，大多数用户都可以用十分便捷、快速的方式检索和获取所需要的信息。而智慧时代，用户更需要的是对信息本身内容的纵向深入和挖掘。面对这些变化，原来图书馆依靠固定的资源和系统，提供浅层次的信息和服务的模式已经不能满足当前用户深层次的信息需求。这就要求智慧图书馆在进行信息资源建设时，构建合理的、方便用户使用的信息资源框架。智慧图书馆要根据所服务用户的需求，对印刷型资源、电子资源进行合理组配，对所获取的信息开展精细的采集、加工、整理、组织、存储和开发利用，将信息重组有序化，方便用户使用[1]。

智慧图书馆将充分利用网格技术、语义技术对信息资源进行语义抽取，进而获得更深层次的知识，从非结构化信息中抽取信息，通过对不同研究主体、不同数据的集成，打造不同形式、不同层次的信息集合体，利用语义技术，将来源不同、格式与内容层次不同的信息关联起来，充分运用数据挖掘、数据融

---

[1] 黄幼菲.泛在知识环境下后数字图书馆的发展趋势及走向［J］.图书馆工作与研究，2011，No.188（10）：20-25+37.

合、知识发现、知识组织、智能搜索等多种技术和工具,形成面向需求、适应变化、快速反应的知识发现服务机制。

二、智慧图书馆信息组织的特点

智慧图书馆中,传统的信息组织方式仍然不可或缺。信息组织与信息技术密不可分,如元数据、数据仓库、数据挖掘、知识发现、标记语言、自然语言处理技术、多媒体技术、人工智能技术等。各种规范、标准的制定更为规范、灵活,该层次的信息组织对内容的呈现主要是通过各种规范、标准等来实现其标准化,主要有各种元数据、文献信息的著录与标引、网络信息资源书的相关标准,通用标记语言及相关标准、各种方法的互操作,逐渐实现标准化[①]。组织方法呈现多样化,既包括分类法、主题法、叙词法等,也包括元数据、本体、主题地图和分类法等。用户的参与度得到前所未有的提高,用户及用户信息也将成为网络信息资源的重要内容,用户自主地参与信息的组织将成为智慧图书馆信息组织的一种重要方式。最突出的特点是以用户为中心,以交流、协作为中心,借助于个性化信息组织实现个性化信息服务,为用户建立一个无所不在的信息空间。侧重于"语义"和"知识元"的组织与信息资源之间的关联的建立,强化新型多维索引机制建设,实现相关知识对象的关联索引,信息组织揭示内容不断深化,内容之间的语义关联得到揭示,信息集成、聚合、重组将是一种重要方式。

大数据环境下,用户的信息需求更加多样化,以文本为主的结构化资源已经不能满足用户需求,数字资源建设更加注重音视频、多媒体、网络信息资源等非结构化数据资源的收集和采购,用户在使用移动图书馆、在线咨询台或者社交网络过程中也会产生大量非结构化数据信息。作为信息服务者,公共图书馆通过对数字资源进行加工整合,充分挖掘其潜在的信息和知识,以专业的

[①] 康薇.云图书馆环境下信息资源组织及其发展趋势[J].图书馆学刊,2012,34(01):52-55.

信息推送服务方式传递给用户，使其进一步增值。作为大数据生产者，图书馆可以向社会提供一大批结构规范、内容完整的数字文献信息，直接服务于国家经济、文化和科技的发展。作为大数据的应用者，图书馆可以对业务流程数据和用户数据进行挖掘、整理和分析，发现图书馆内部业务流程和对外服务中存在的问题，实现馆藏文献资源与读者服务的最佳结合方式和服务效能的最大化[①]。

数字资源融合将公共图书馆分散分布、零碎存在的数据和信息融合成完整的图书馆大数据，数据与数据之间通过内在的联系关联起来，联在一起。这是基于数据的含义和属性建立的关系，是数据本质上的链接，所有的相关数据互相连接，构成一个数据网。在物联网、云计算和大数据技术的推动下，数字资源逐步从数字化向数据化转变，数据化是指将均匀、连续的数字比特结构化和颗粒化，形成标准化、开放的、非线性的、通用的数据对象，并基于不同形态和类别的数据对象，实现相关应用，开展相关活动，其本质还是数字信息的内容[②]。大数据时代的到来，更是拓展了图书馆在数据无缝连接的基础上应用关联分析的范围。一方面，图书馆可以对自身业务改善需要的大数据进行关联分析，如通过分析读者行为爱好、借阅习惯数据与图书馆资源分布、服务数据的相关关系，发现图书馆现有资源分布和提供服务过程中存在的问题，从而提出改进对策。另一方面，图书馆可以对读者需要的大数据进行关联分析，针对读者需要解决的具体问题，在大数据分析和关联分析的基础上，提出具体的解决方案。知识发现是指从大量数据中识别有效的、新颖的、潜在有用的、最终可理解的模式的非平凡过程，其过程包括数据预处理、数据挖掘和结果表达与解释的三个步骤，其中数据发掘是知识发现最核心的步骤。图书馆数字资源融合在收集和处理所有的完整的图书馆大数据基础上，构建大量的作者库、机构库、关键词表、引文数据库、学术专业库、学科分类表、主题词表等，并利用

---

① 李维.大数据时代图书馆数字资源融合研究[D].湘潭：湘潭大学，2016.
② 文庭孝，李维.大数据环境下数字资源融合初探[J].信息资源管理学报，2015，5（02）：79-84.

大数据技术和数据挖掘技术对这些融合后的数据进行分析，深入发现数据背后潜在的信息和知识，帮助读者快速方便地获取所需知识节点，实现知识的利用、增值和再造①。

第四节　智慧图书馆阅读推广的客体内容变化

智慧图书馆的阅读推广客体的建设需要充分考虑用户及其信息行为和信息需求，加强信息资源的组织、整合与建设，逐步从信息服务转化为知识服务，挖掘用户日常信息行为和深层次信息需求，提高信息资源和知识资源的可发现性，为用户提供个性化信息资源推荐服务和场景化发现服务。

一、加强智慧图书馆信息资源建设和整合，向知识资源服务转变

开展智慧图书馆信息资源建设时，要将原有传统的标引、分类进行改进，去适应新信息环境的变化和用户需求的变化。智慧图书馆要想有效解决数字信息孤岛，提高数字资源的利用率和发现率，需要对数字资源进行全方位、多层次的集成、重组、整合，建立具有关联性的资源体系。面对全球信息化和网络化大的发展环境，智慧图书馆将图书馆的知识信息服务纳入互联网环境中的全球信息服务体系，实现图书馆信息资源与搜索引擎发现有效结合，是一种发展趋势。

随着技术的飞速发展，用户阅读习惯逐步改变，用户对知识的需求更为强烈。从对信息资源检索与获取这种基本需求，逐步转换为希望图书馆能提供更加有效的、新颖的、潜在有用的知识需求。用户希望智慧图书馆能帮助他们从大众信息资源中识别出知识，将信息转变为知识，从原始数据中提炼出有意义

---

① 梁琳，冯志彬，张继华.图书馆数字资源建设与阅读推广研究[M].长春：吉林摄影出版社，2021.

的、简洁的知识，同时提供更加方便、快捷的阅读方式，直接为用户所用，智慧图书馆的知识服务是对信息资源组织服务的提升。

二、挖掘用户信息行为，以用户需求为主导，提供个性化组织、情景组织模式

面对日益丰富的数字资源，面对用户对信息资源检索与获取要求的提高，帮助用户"找到他们所需要的信息"已成为图书馆更具竞争力的服务[①]。智慧图书馆应该更关注用户对信息资源的个性化需求，在帮助用户获取信息资源过程中，必须重新思考用户的信息行为，而非专注于用户应具备的查询技能，也要充分思考用户教育与信息素养训练的现实情况，智慧图书馆员应该为用户提供搜索相关内容必要的培训，以建立一套不用训练即可知道如何使用的系统目标，让用户不需要馆员的协助就能有效发现图书馆的各类资源，进而主动地将图书馆资源推送给读者。

目前公共图书馆的信息资源组织模式远不能满足用户对信息发现的需求。一是用户在表述自己的需求时，很难选中恰当、准确的关键词描述；二是很多关键词检索在一些特殊情境下是不够准确和不具挖掘深度的。智慧图书馆应该为读者提供发现服务，把用户的需求从简单的目标、明确的数据的搜索，转换成更高级更符合人们使用习惯的上下文信息和更丰富的信息发现。智慧图书馆要充分了解用户的个性化信息行为，通过对用户的搜索行为日志的深入分析、统计与挖掘，能从中找出用户的兴趣爱好及学术背景。通过日志分析不同用户的信息需求，从用户的认知和心理为用户构建一个个性化的信息推荐服务模型[②]。

---

① 欧阳剑.数字图书馆信息资源的可发现性研究［J］.图书馆论坛，2013，33（01）：32-37.
② 欧阳剑.基于异构检索模式的用户学术搜索信息行为日志构建［J］.图书馆学研究，2012，No.292（17）：62-65.

智慧图书馆要以用户需求为主导，针对不同群体用户的信息需求，提供不同的检索系统模式，图书馆做好个性化信息资源组织，能够显著提高用户对信息资源的可发现性。智慧图书馆有必要根据用户的学科、背景、知识领域及当时检索情景，为用户提供合适的检索工具，同时，在用户检索的过程中，通过更多的交互式交流来预测、计算用户潜在的信息需求，提高检索结果的相关性，帮助用户找到所需信息，使用户获得更加完美的结果信息集合，能根据用户所使用的当前情景，为用户提供个性化的检索服务，随着不同情景的实际变化快速地反映用户需求。

三、提供更加移动、便捷、泛在的知识资源服务

移动终端作为更加便捷化、大众化的信息应用服务终端，已经广泛成为人们获取知识的重要手段，可以让人们不受时间、空间限制，在任何时间、地点以任何方式进行信息的发现与获取，为用户提供了一个泛在的知识环境。智慧图书馆要以用户为中心进行构建，为用户应用提供一个透明的全局资源视图，提供用户深度参与的、交互式的开放信息交流环境，通过互联网、手机、数字电视、智能终端等各种媒体渠道，将数字服务推送到每个人身边，使人们可以突破时间空间的限制，随时随地能获取信息与知识[①]。要充分利用新的信息技术对信息资源进行深层次的组织、挖掘和展示，有效地利用交互的网络及用户的群体力量对图书馆的信息资源进行组织及社会化建设，充分利用社会网络的人际关系进行信息传播，为用户提供多渠道的信息获取方式和途径，在泛在信息环境下为用户提供更好的数据采集与知识挖掘，为用户提供更有效的人机交互。

---

① 马爱华.论公共图书馆的新媒体服务[J].图书情报工作，2014，58（06）：70-74.

第五节　智慧图书馆阅读推广不同客体应用场景

当智慧图书馆的阅读推广客体是数字资源、知识服务时，应该加强深层次资源推广，即通过知识传播带动资源的流动，依靠知识结构关联数字资源。应侧重书中内容的挖掘、组织、加工，形成知识图谱，融合书中能解决用户突出问题的精华内容，打造知识性的推广信息，不仅停留在购买原始数字刊物、数据库，还应加强对细粒度知识单元的聚合[①]。

当客体是促进阅读的阅读服务项目、服务机构以及品牌时，应当重点揭示该项目能够解决用户面临的问题，关联与引导用户。就塑造品牌而言，图书馆等机构可以重点凸显权威资源优势，成为用户的思想领袖、可靠专家。由于用户的信息需求趋向于即时性、碎片化，相比于搜索引擎的便利性，数字图书馆的资源的权威性由于用户并未知晓而弱化。在社交环境下，用户更喜欢从社交媒体获取能解决切实问题的有价值的内容，只有内容有价值、有趣才能吸引用户、留住用户。在用户有多种选择之时，我们如何通过创建用户真正感兴趣的信息吸引其关注是关键任务。

当推广客体为促进用户阅读素养提升的客体（引导、训练、课程等）时，推广的主要作用是帮助、陪伴用户成长。针对渴望养成阅读习惯、需要陪伴和监督的用户，他们的主诉求为接受引导和训练，因此，推广主体在设计数字阅读推广时的核心任务是激发阅读兴趣和阅读参与热情。

一、打造文献知识网络，助力智能检索

将主题词表、分类词表、书目数据、文献内容标引及引文网络关联起来，打造适用于图书馆系统的文献知识网络，实现智能检索和推荐功能，使图书馆得以更好地组织和揭示文献资源。文献知识网络的分类主题层（基础层）：以

---

① 马坤坤，茆意宏，彭爱东，等.什么样的推广信息更受欢迎？——内容营销视角下高效数字阅读推广信息的特征识别［J］.情报理论与实践，2020，43（10）：115-121.

SKOS语言为描述模型,以《中国图书馆分类法》《学科分类与代码》及《中国分类主题词表》为基础建立对应的轻量本体,并根据主题语言与分类语言的对应关系、学科分类与分类语言的映射关系实现本体间组合,形成一个分类法、主题词与学科分类彼此关联的知识组织体系。文献知识网络的文献层(中间层):总结归纳BIBFRAME与CN_MARC的映射关系,定义书目数据的实体和类间关系,规范描述以构建书目数据描述框架,在此基础上对文献书目数据进行形式化描述,并通过实体间属性的传导形成关联数据,实现馆藏书目数据资源的语义化表达、关联关系的发现和更新。通过690(《中图法》分类号)字段,完成书目数据与分类主题层的关联[1]。文献知识网络的知识元层(顶层):以《汉语主题词表》、各学科领域的专业叙词表为基础,参照并复用学科领域现有的知识本体,形式化表述叙词表中的概念、概念间关系、实例、属性及其属性值,通过本体间相同概念的关联组合,以构建覆盖全学科的知识本体[2]。对于复杂的语义关系,可以在SKOS词表中添加OWL标签,或是利用OWL语言描述SKOS模型,实现SKOS词表的扩展,以表达更丰富的内容[3]。对文献进行内容挖掘,析出引文数据,构建中文图书的引文网络,尝试与现有的期刊论文引文数据库对接,并将内容标签化(例如文献内容主题、内容风格等,这些都是编目数据体现不出来的信息),与文献知识网络即时关联,并持续地向这个知识组织中添加及更新领域知识和文献信息。

在上述文献知识网络的加持下,读者可以体验完全有别于传统检索方式的智能检索和推荐服务。例如基于主题词检索,可以得到主题词下的相关文献,以及主题词的语义关系图(包括等级关系、等同关系、相关关系等)和相关知

---

[1] 王景侠.书目格式的关联数据化发展及其启示:从MARC到BIBFRAME[J].图书馆杂志,2016,35(09):50-56.

[2] 鲜国建,赵瑞雪,朱亮,等.农业科学叙词表的SKOS转化及其应用研究[J].现代图书情报技术,2012(10):16-20.

[3] S Jupp, S Bechhofer, R Stevens. SKOS with OWL: Don't be Full-ish![C] Owled Workshop on Owl: Experiences & Directions,2008.

识点，对检索策略的调整起到直观的指导作用。也可以将主题词所处的学科领域的领域专家和优势机构等聚类显示，对文献进行多角度的筛选。检索指定书目，可视化呈现书目信息及关联书目数据网络，直观地获知与该文献有文献级关系的书目信息，包括该文献关联的主题、学科领域及相关的文献资源。书目+期刊的引文网络则可以轻松获取引用和被引用文献，了解该研究的来龙去脉。

搭建更广泛的统一检索平台，将馆藏文献资源、数据库电子资源、开放获取学术资源、互联网公开资源等不同来源数据进行同步平行展示（参照华为在其平板产品上的平行视图理念），既整合统一又相互独立，图书馆馆藏OPAC是一个窗口，而国内数据库资源检索结果是另一个窗口，不同窗口可以平行展示易于比较，也可以点击选择其一作为主窗口展示，当选择数据库资源检索结果时，自动获取IP，如果该IP所属机构已购买对应数据库资源的话，则可以直接通过IP访问进行阅览和下载等操作。

二、古籍文献内容挖掘及智能设备体验

古籍数字化工作自从20世纪70年代就已尝试开展，主要体现在古籍载体形式的转换和古籍数字资源库的建设[1]。但目前对于古籍文献的数字化多集中于目录的编制、书目或内容的检索以及线上阅览，载体变化其实只是改变了一种存储形式，并没有过多地去揭示内容。我国情报学家马费成提出，知识的组织和描述必须从载体层次的文献单元推进至认知层次的知识单元，因此建立知识单元的链接以促进知识发现和推理是非常必要且有现实意义的[2]。

知识图谱较之本体，更侧重实体的关系表示，描述真实世界中的各种概

---

[1] 程佳羽，史睿.古籍数字资源的知识库建设解析[J].数字图书馆论坛，2006（12）：1-4.
[2] 马费成.数字环境下实现知识的组织和提供[J].郑州大学学报(哲学社会科学版)，2005（01）：5-7.

念或实体以及它们之间的关系，可形象地理解为语义网络图，最有效地表达知识间显性关联并推理隐性关联，从而达到知识服务的目的[①]。国家图书馆可以在古籍、善本、碑帖、拓片等特色馆藏文献全面数字化的基础上进行数据化，力争做到文博系统数据共享联合，构建中华古籍知识图谱，并可视化呈现给用户。

大体构建思路如下。

古籍知识框架描述机制的确立：针对古籍文献中的年代、人物、地名、事件典故、制度、领域等，定义知识描述的概念及属性，以及自定义语义关系的注释，形成规范的描述模型[②]。

中华历史知识本体：利用大量现有的索引工具，如年表、人物传记资料索引、家谱、职官年表、历史地图、类书、地方志等，在规范描述模型的约束下，可以建立覆盖中华历史的本体知识元模型[③]。需注意的是古籍文献中存在大量同一概念不同词汇的现象，如同一人物的不同称谓、同一地区在各朝代的不同叫法等，应制定对齐标准，并将同一概念的不同词汇进行融合，从而实现不同文献相关内容的关联组织。

古籍著录信息本体化：古籍著录信息的本体概念表，用以描述古籍著录信息的概念及属性[④]。

古籍文献的文本挖掘和知识抽取：这是古籍知识图谱的实体层，目的是通过知识单元的有序化组织和网络化关联，实现知识挖掘、知识发现、知识关

---

① 张德政，谢永红，李曼，等.基于本体的中医知识图谱构建[J].情报工程，2017，3（01）：35-42.

② 程佳羽，史睿.古籍数字资源的知识库建设解析[J].数字图书馆论坛，2006（12）：1-4.

③ 毕崇武，王忠义，宋红文.基于知识元的数字图书馆多粒度集成知识服务研究[J].图书情报工作，2017，61（04）：115-122.

④ 罗晨光，山川，王珊.基于本体的古籍知识库建设初探[J].现代图书情报技术，2007（04）：8-11.

联、知识推理。利用文本识别、图像识别、自然语言处理、深度学习等人工智能技术，着力探索文言文语义理解、古汉字识别，对文献结构层次展开分析和划分，分解成知识单元，以描述本体知识元的语句作为该知识图谱的实体（Entity）。

知识关联（实体关联）：结合本体建立与实体间的关联，按照一定逻辑规则表达语义关系（词汇间和句子间关系）以形成大规模语义网络，从知识元到知识单元，再到知识序列进而形成知识体系，实现知识的有序化、层次化。古人对于文献整理有很多沿用至今的理念，如"互著"和"别裁"（类似于"参见"），可以在一定程度上帮助揭示不同文献和知识间的关联性，助力知识图谱的建立。

文献关联：知识与来源文献的著录信息进行关联，同时文献间也可以通过编目数据的形式化表达以构建关联，这样做符合图情领域的使用场景，方便用户查找知识来源。

依托5G网络，凭借VR、AR、MR等技术，将视觉阅读升级为沉浸式阅读，将内容呈现从二维升级到三维，全面提升读者的代入感，大大提高阅读效率。如故宫博物院的端门数字馆，通过高精度文物数据引领观众走进故宫内的"数字建筑"、触摸"数字文物"[1]，再如美国斯坦福大学图书馆通过Second Life（SL）虚拟空间使读者可以浏览不对外开放的馆藏古籍原稿[2]。借鉴上述的成功经验，图书馆可以将经典古籍数字化，利用3R技术，让读者全方位、高还原度地去接触古籍原貌，实现原汁原味的沉浸式阅读体验，同时深度整合资源，阅读的同时即时获取其他知识产品服务，帮助读者更好地理解古籍中的内容，克服阅读古籍的困难，从而爱上古籍[3]。古籍修复全过程数字化，让读者身临

---

[1] 数字展示在线.故宫博物院"端门数字馆" 数字创意与古典建筑的完美融合［EB/OL］.［2022-03-22］.https://mp.weixin.qq.com/s/RxyZ06xthSwVYExyx-95mg.

[2] 薛涵，朱娜娜.基于虚拟现实技术的图书馆服务创新研究［J］.图书馆建设，2015（06）：66-68.

[3] 张宁，龙乐思，李俊炀.虚拟现实技术视域下阅读中华古籍的优势与方法探索［J］.图书馆，2019（06）：88-93.

其境地了解古籍修复、保存的过程，从而更加珍惜古籍，重视古籍中蕴含的国学经典文化；VR导览，孔子儒家学堂全真呈现，让读者全方位地投入到国学经典学习的体验中；通过AR增强现实技术，将博物馆的数字化文物嵌入到阅读中，在阅读的同时可以将相关内容立体、"真实"地展现出来，达到现实和虚拟的融合。而以上这些都可以和中华古籍知识图谱做关联，利于检索和推荐，引导读者在阅读的同时体验科技带来的改变，同时得到更多的信息留存。

让我们放开思路去畅想未来的阅读场景，带上智能穿戴设备，置身于一个虚拟增强现实的空间中——语音交互、智能检索帮助读者快速找到目标文献，高度数据结构化的文献融合文字、图片、语音、视频、增强现实立体显示等要素，读者可以个性化选择喜欢的声音及形象进行有声阅读，当看到/听到某一知识点时，点击自带的或关联的知识产品即可获取沉浸式的阅读体验。如阅读地理类文献，当看到某一名胜古迹时，就可以点开该古迹的VR版本，完全置身于该场景内；阅读历史类文献，当看到某一历史事件时，可以通过相关的VR产品实现时空的"穿越"，从历史的阅读者变成历史的旁观者；阅读美食类文献，除了立体展示外，还可以调用嗅觉系统增强体验的真实感。相信这样的阅读体验将对文献类型、读者以及图书馆未来发展都起到颠覆性的革新。

三、盘活读者阅读数据，打造阅读社区

当前随着社交网络的出现，用户间的数据互动已经成为新媒体传播的重要特征之一。充分利用新媒体平台的交互功能，将阅读数据与用户信息整合起来，营造阅读社区，强调读者交互，打造新环境下的阅读推广模式，可以大大激发读者阅读兴趣[①]。如微信读书以阅读的社交化体验为出发点，引导用户深度阅读，并同读者交流碰撞，通过智能推荐算法根据用户兴趣推荐好书，同时可以看到好友的读书情况、读书笔记，与朋友交流读书心得。打造熟人

---

① 杨红岩.从知识传播到知识服务——"阅读+"时代公共图书馆智慧阅读服务建设路径[J].出版广角，2020（04）：64-66.

阅读社区形态[①]，取得极佳效果。

图书馆阅读推广也应以打造阅读社群为核心，为读者间创造一个交流互动的阅读环境。如参照微信运动的步数排行，推出阅读排名，对读者的阅读时长、阅读页数进行实时排名；朋友在看，读者可以点击好友获知其正在阅读的图书，一定程度上起到阅读推荐的作用；"话题"模块，参照微博话题形式，加强用户读书交流的欲望，提供优质多样的内容供用户阅读。

参照支付宝"蚂蚁种树"等形式的活动，通过阅读积攒能量值，以能量值兑换相应礼品。和商业化知识生产商、线上阅读平台等合作，通过阅读能量值获得如购书券、免费阅读权益、免费课程等奖励，可以同时激发读者阅读兴趣、优化阅读推广形式、宣传知识生产商产品，三方获益。

在线上阅读的过程中，可以随时对数字化文献的某一本、某一章节甚至某一句话进行评论和心得分享，而这些内容将被其他阅读者以文献弹幕的形式即时获取，达到读者之间思想碰撞与有效交流的效果。这一点可以实现陌生人阅读社交，因为共同的爱好、观点而相互吸引，从而产生更强的化学反应。

鼓励读者在朋友圈、微博、小红书、抖音等新媒体渠道去分享自己阅读的图书、参与的话题活动以及阅读心得，并邀请好友一同阅读，邀请成功还有一定形式的奖励，从而进一步激发读者分享的动力，实现人人参与阅读推广的目标。打造"阅读+社交"模式，每一个读者都是阅读推广人，这将是阅读推广的最理想状态。

四、构建知识服务平台，实现多维数据交互融合

艾媒咨询发布的《2020年中国知识付费行业运行发展及用户行为分析报告》显示，我国知识付费行业用户规模从2015年的0.5亿人快速增长到2019年

[①] Trista.产品分析|微信读书—阅读社交的开创者［EB/OL］.［2022-03-28］.https://zhuanlan.zhihu.com/p/134580783.

的3.6亿人，市场需求旺盛①。但目前知识付费/免费平台种类繁多且各自独立（如中国大学MOOC、爱课堂、万门大学、知乎、少年得到、喜马拉雅、樊登读书、荔枝微课、唯库等），App、小程序、公众号等各种展示形式，内容上也是各有特色，这使得用户很难集中获取自己想要的全部资源，使用成本和门槛都会加大。

公共图书馆应充分发挥其社会教育属性和公信力，在上述智能统一检索平台的基础上，与社会上各类型的知识付费/免费平台合作，搭建知识产品统一管理平台，该平台将从以下方面发挥其重要作用。

知识生产方面②：通过图书馆专业化内容建设、用户自建内容、AI技术辅助内容产生和AI单独创作内容等模式，实现多维融合知识建构。在图书馆专业化内容建设方面，智慧图书馆将充分发挥图书馆员专业技能，创新应用新技术，基于图书馆原有丰富馆藏，借助AI技术发展与开放资源建设，形成立体化、复合型馆藏体系，积累多类型版权清晰的数字资源。在用户自建内容方面，智慧时代意味着用户将成为内容的创建者和创造者，智慧图书馆将通过社会化合作联通知识社群，广泛聚合大众智慧，利用区块链技术固化所生产的知识内容，完成知识确权、授权、保护，为用户自建内容的生产提供支撑服务。在AI技术生产内容方面，智慧图书馆将借助AI技术辅助内容产生，具体可应用在知识搜索、知识管理、知识共享以及知识决策等各个环节。通过AI辅助，用户可以更精准地获取创作知识的参考资料并进行知识管理与分享交流，进而对思考做出决策支持，促进产生新的知识。此外，也可通过AI技术单独创作内容，如充分运用机器自主创造能力，根据用户需求，通过自然语言处理、自动推理、语言和图像理解、知识获取、智能搜索等相关技术，模拟人类思维，创

---

① 企业观察报.从知乎、得到和喜马拉雅看知识付费的今天和明天［EB/OL］.［2023-03-10］.https://baijiahao.baidu.com/s?id=1683980965987964845&wfr=spider&for=pc.
② 魏大威，王菲，肖慧琛.Web 3.0背景下的智慧图书馆知识服务研究［J］.图书馆理论与实践，2023，No.61（01）：54-60+76.

作书面、语音、视频等不同类型的精确知识内容，再进行人工审核。对于个体的知识生产者还可以给予用户资源、发布平台、云端存储等多方面的支持，使更多的个体可以加入到知识生产、传播分享、产生收益的链条中来，从而丰富知识产品的内容和形式。

知识组织方面：要想实现多源知识内容的关联整合与智慧化管理，就需要支持对多源知识内容的统一加工揭示、集成管理服务，尤其是对原生数字资源和以社交媒体为代表的新兴数字资源的动态完整记录，丰富智慧图书馆的知识资源结构。第一，应用AI等新技术建设标准统一、数据共享、监管有效的图书馆知识内容仓储管理体系。知识仓储不仅整合知识条目，还整合与之相关联的事件、使用记录等相关信息，强化现有资源的科学化组织、知识化呈现。第二，借助语义网、AI等技术，形成全网集成的智慧化知识网络图谱。建立多维度、立体化标签体系，实现互联网环境下的自动语义关联和规范控制，在内容层面形成知识关联网络。第三，建立覆盖多终端的专业知识内容共建、共享架构，支持数据检索、数据计算及数据分析等服务调用。智慧图书馆环境下的知识组织应基于大数据分析、区块链等现代信息技术对知识资源进行分析、封装和服务，为智慧图书馆建设和服务创造价值。将可无限复制的知识资源转化成可单一标识和可追踪的数字资产块，并提供资源内容的封装注册、分布式存储、知识加工调度和侵权跟踪溯源等全流程管理服务，在管理层面形成统一的知识资源管理中心，支持图书馆的知识资源管理与社会知识平台的融合，提升图书馆面向多维信息来源的知识组织能力、知识发现能力、知识创新能力[1]。

知识发现方面：为实现多样态知识资源的一站融通与供需对接，智慧图书馆的知识服务除了要以图书馆提供的公益性知识资源和服务为核心，还需要为商业性、非营利性知识服务机构提供开放接口，建立互利共赢的合作运营机制，联合打造互联网信息与知识服务"超市"，使用户可以在一个平台上检

---

① 魏大威，李志尧，刘晶晶，等.基于区块链技术的智慧图书馆数字资源管理研究［J］.中国图书馆学报，2022，48（02）：4-12.

索、购买、使用不同来源的知识产品和文献[①]，便于用户的一站式知识检索，实现基于智慧图书馆服务体系的优质知识资源及服务的一站式供给。一是建立涵盖知识内容创作、审核发布、营销推广、用户服务、社群互动、交易及权益分配等环节的管理运营规则体系，实现多利益主体协调、各方权利得以妥善保护，公益性、非营利性、商业性相结合的新型知识服务业态得到可持续发展。二是向用户提供经过智力加工的、产生增值的、集合知识元素的知识产品（Knowledge Package）。通过智慧技术应用，智慧图书馆将基于知识单元，充分挖掘、加工文献信息资源隐含的知识内容，包括文献中包含的事实、数据、结论等知识元素，以及知识元素之间的逻辑过程和结构关系等"隐性知识"，辅以馆员在开展参考咨询、传递科学情报、提升信息素养等方面的技能、技巧、经验，以用户需求为核心开发专题知识产品，提升图书馆知识内容与用户知识信息需求的匹配度。

知识传播方面：可以多渠道、多维度、完整地获取用户数据，生成翔实、准确、立体的用户画像，优化智能推荐。多平台交互数据能有效避免"茧房效应"，从而精准地为用户推荐文献和知识产品。通过用户自测形成个人信息库，通过记录用户行为生成行为数据库，二者组成用户特征库[②]，同时对知识产品进行规范标引，形成产品特征库。基于用户和知识产品特征，计算匹配程度，为用户推荐适合的文献及知识产品；利用用户的学习日志数据[③]，根据其行为数据的改变即时做出相应调整从而跟用户学习程度相匹配，实现"千人千面"的个性化、定制化推荐；利用领域知识本体，根据知识点属性及关系，按照知识点的重要度、难易程度、拓扑层级等对知识点进行序化，生成合理的知

---

① 曹宁,杨倩.面向智慧图书馆的参考咨询服务发展思路初探[J].国家图书馆学刊,2022,31（03）：22-28.

② 张小雪,张立国.在线学习资源个性化推荐服务模型的构建[J].中国医学教育技术,2017,31（02）：172-176.

③ 高嘉骐,刘千慧,黄文彬.基于知识图谱的学习路径自动生成研究[J].现代教育技术,2021,31（07）：88-96.

识点发展路径,从而指导个性化推荐,辅助学习者自适应学习。在提升知识传播的效率与精准性方面,将借助AI和机器学习(ML)来分析大数据,如应用大数据进行用户画像分析,通过对用户的属性、行为痕迹等信息进行数据处理,精炼并提取用户个性化的标签信息,从而达到识别用户个性化知识需求的目的[①]。实现面向不同用户类型的知识服务,如智能知识推送,为用户知识学习提供支撑并帮助用户进行开放出版及提供知识产权相关服务等。

智慧图书馆的线下阵地、读者流量及社会公信力,是知识服务平台所不具备或者难以形成的,可以借助自身的线下流量去做好调研和宣传,设计更优质的产品内容,同时也可以依托知识服务平台更好地拓展自身的知识服务,提高社会影响力。

---

① 蒋南.基于用户画像的高校图书馆精准化学科服务模式构建[J].图书情报导刊,2021,6(08):17-24.

第六章
智慧时代公共图书馆阅读推广渠道研究

信息技术的飞速发展变革,推动着社会、经济、文化等方面不断迎来新的样态,也深刻改变着人们的生活方式。智慧时代,是数字经济迅猛发展的时代,其中蕴含的大数据、人工智能、区块链、虚拟现实等底层技术正在不断发展创新,带来了一个虚实结合、虚实共生的全新社会形态。公共图书馆的阅读推广活动,一向重视与时代发展、读者需求相贴近,从最传统的线下读者活动,到数字图书馆建设阶段的线上活动,不断探索着阅读推广的新渠道、新形式。在我国迈步走向智慧时代的今天,公共图书馆也应顺应时代发展,结合公众生活方式、文化需求的相应变化,积极探索、拓展适用于智慧时代的公共图书馆阅读推广渠道新模式。

第一节 智慧时代图书馆阅读推广渠道面临转型升级

智慧时代,科学技术将人和社会生活以更加智能化、便捷化的方式联结在了一起。数字经济飞速发展,科技与民生得到更加充分的融合,智能化场景的落地应用正悄然改变着人们的生活。信息技术不断革新让人们不再只满足于对现实世界的探索,数字孪生、数字原生、虚实共生的数字空间将人的体验进一步延展,从而创造出许多新的媒介传播渠道和形式。在这个过程中,人的体验、行为习惯、消费需求都相应发生了变化,开始寻求更加个性化、智能化、便捷化的生活体验。

智慧时代来临的背后，是社会生产生活方式的巨大变革。公共图书馆作为传承文明、传播知识的场所，是公众文化消费的重要阵地之一。在正在到来的"数智化"时代，图书馆的各项服务也势必将被赋予更多"智慧"，以更好地满足当下公众的文化需求。阅读推广活动是图书馆提升全民阅读水平的重要窗口，应充分了解社会发展变革使人们在生活方式、文化需求等方面产生的变化，梳理当前阅读推广渠道仍存在的问题，积极开拓图书馆阅读推广新渠道，实现阅读推广服务的转型升级。

一、数字经济赋能文化领域智慧化转型

数字经济是以数据资源为关键要素，以现代信息网络为主要载体，以信息通信技术融合应用、全要素数字化转型为重要推动力，促进公平与效率更加统一的新经济形态[1]。近年来，我国非常重视数字经济发展。2022年两会期间，时任总理李克强在政府工作报告中再次提出要促进数字经济发展，加强数字中国建设整体布局，更好赋能经济发展、丰富人民生活[2]，这也是数字经济第六次被写入政府工作报告，其迅猛发展正深刻影响着社会生产方式和人们的生活方式，我们正逐步迈入一个信息经济驱动的"数智时代"。

数字经济所应用的大数据、云计算、区块链、5G等底层技术，也对文化领域的智慧化转型产生了广泛而深远的影响。文化的塑造和推广渠道在虚拟空间和数字技术的加持下不断突破创新；文化的应用场景、展现形式得到极大拓展；公众的文化消费模式和偏好也从单一走向多元。这些发展变化都无形中推

---

[1] 国务院.国务院关于印发"十四五"数字经济发展规划的通知［EB/OL］.（2022-01-12）［2022-11-02］.http://www.gov.cn/zhengce/content/2022/01/12/content_5667817.htm.

[2] 新华社.政府工作报告——2022年3月5日在第十三届全国人民代表大会第五次会议上［EB/OL］.（2022-03-12）［2022-11-02］.http://www.gov.cn/zhengce/content/2022-01/12/content_5667817.htm.

动着文化领域走入一个更加智能、便捷的智慧化新时代。

（一）智能场景应用融入文化生活

互联网技术的快速发展，让诸多曾经只存在于人们想象中的智慧生活场景逐步成为现实。智慧电商、智慧出行、智慧政务等依托数字经济底层技术开展的智能化服务陆续出现，极大地提升了公众生活的便捷性，社会生活快速进入智慧时代，智能场景和智慧服务逐渐融入日常生活的方方面面。

在文化领域，数字经济与智能场景应用也开始在人们的文化生活中得到展现。智慧文旅、智慧文博、智慧演艺纷纷起步，数字沉浸体验、智能化内容分发、虚拟带货直播等，为人们提供了更加多元、便捷、个性化的文化服务。在数字经济时代，文化与知识的获取打破了时间和空间的限制，让文化传播和文化场景走出了"文化场所"，成为一种随时、随地、随心的陪伴式存在。无论在文化场馆还是数字文化空间，人们对多种形式、内容的文化场景需求被进一步唤起，文化服务机构的智慧化转型势在必行。

（二）人们文化消费的模式发生改变

数字经济时代，互联网技术不断发展，让现代经济活动更加灵活、便捷、智慧，这也无形中改变了人们文化消费的模式。

首先，公众文化消费从被动接收转为多向、立体的互动共生消费模式。过去，文化的生产、传播具有高度的中心化特征，公众往往作为文化内容的受众，接收文化信息、文化内容的模式比较单一。数字经济去中心化的特征打破了文化的单向消费模式，在当今的文化消费体系里，每一个人既是文化的消费者，也可以是文化的生产者，整个文化内容创造与传播体系逐步走向更加个性化、智能化、互动共生的新模式。

其次，文化消费的场景也由线下主导逐渐转为虚实相生、线上线下相辅相成。传统文化消费一般依赖于图书馆、博物馆、美术馆、剧院等实体文化机构，文化资源与服务更多集中在馆区内，"到馆体验"是传统文化消费的核心模式。数字经济极大地开拓了虚拟空间的文化生产与消费，尤其是新冠疫情爆发以来，加速了文化的数字化传播进程。在线直播、虚拟展厅、虚拟演出、数字阅读等虚拟空间文化体验打破了实体空间的桎梏，给公众提供了一个更加便捷、丰富的文化消费型场景。虚拟空间的延展性、交互性、沉浸感，也不断为文化消费带来前所未有的新鲜场景和体验感，日益成为当下公众重要的文化消费阵地。

再次，公众文化消费日益碎片化、分散化。数字经济消费模式打破了原有传统文化消费低频、集中的特点，使公众对文化的消费频次更高，但单次时间缩短，呈现出碎片化、分散化的新特点。在此背景下，短视频、微电影、听书、文化"豆知识"等"短、小、微"的文化内容应运而生，并迅速得到公众认可，成为当前文化消费的主流模式。

最后，公众对文化消费的需求也在发生变化。文化不再只是作用于自我学习提升、娱乐享受，无论是线上还是线下，人们对文化的需求开始走向一种分享、陪伴的新模式。图书馆、博物馆等公共文化机构不但是人们获取知识和信息的场所，也成为当代很多年轻人放松、休闲的选择；很多人在虚拟空间中寻求与自己志同道合的伙伴，形成自己的文化小圈层或文化社群，共享、传播着共同感兴趣的文化内容。文化消费在这种需求的变化中被赋予了分享、陪伴的社交属性，一定程度上也推动着文化生产、消费、传播模式的变革。

二、文化传播媒介和形态得到拓展

数字经济带来了社会生产方式的巨大变革，对于文化领域而言，文化的传播出现了新形式、新渠道，传播媒介和形态也随之得到拓展。从传播学的角度来看，文化传播在经历了大众传播、分众传播后，又开始进入了更加强调受众文化选择自主性和多元性的"泛众传播"阶段；从文化传播底层技术角度来说，以"元宇宙"概念为代表的沉浸式虚实交互体验，赋予了文化传播新的展示渠道和手段。这些变化使得公众对文化的体验形式、渠道产生了新的需求，客观上推动着公共图书馆阅读推广渠道不断探索创新。

（一）文化传播走入"泛众传播"阶段

互联网的高速发展，推动着社会信息传播模式不断变化。报纸、电视、广播等传统媒体带来了点对面的大众传播模式，而微博等网络社交平台又使得信息的流动可以被选择、被区分，从而实现了面向不同群体的分众传播模式。与此同时，新媒介环境的迅速发展极大推动了信息流动和传播的去中心化，每一个用户都变成了信息传播的"节点"，形成了一个"泛众传播"的新阶段。

有学者认为，泛众传播，是以个人为中心的个性化信息网络服务，在这个无边无际网络的拓扑图中，每个节点都是一个中心。泛众的个人，是一个以自我为中心的网络[①]。在这种强调"个人"的传播环境下，诞生了注重用户个性化和专属化的互联网传播渠道，大数据、云计算精准地描绘出用户画像，内容分发平台据此提供完全个人化定制的信息传播与服务。

在文化领域，文化传播尤其是公共文化传播也同样遵循着以上发展变化。以前，公共文化机构作为文化资源的持有者，无论在资源建设、服务方面，都遵循求多求广的原则，公众所接受到的公共文化服务是无差别、统一化的，更多是根据自己的喜好，在文化资源池里找资源、从已有专题活动中挑选参与感兴趣的活动，无法实现所需文化资源与服务的智能化获取。新媒体渠道逐渐丰富后，图书馆等公共文化机构开始利用微信公众号等平台，有意识地分类、分对象地推荐不同主题、不同层次的文化资源与服务，一定程度上实现了差异化的分众传播，但本质上仍属于公共文化机构所主导、自上而下的服务模式。而"泛众传播"时代的到来，使得公众的文化需求变得更加注重个性化、自主性，这就要求文化的传播与服务更加以人为中心，更加智能化、便捷化、多元化，改变传统自上而下的文化服务渠道，转为点对点、个性化的智慧服务。

（二）"元宇宙"催生出新兴传播手段

继实体空间、数字空间后，虚实共生的"元宇宙"又走入了公众视野，各行各业对其的讨论、诠释、展望层出不穷。元宇宙听起来很神秘，充满了令人浮想联翩的未来感，然而它的出现，其实也是网络技术与数字经济发展的必然

[①] 李沁.媒介化生存：沉浸传播的理论与实践［M］.北京：中国人民大学出版社，2019：122-123.

阶段，并不是完全空中楼阁般的想象。现在的人们实际上早已开始踏足数字文明，同时生活在现实与虚拟两个空间中了，未来更加完整的元宇宙体系也只是技术发展与人类需求扩展的必然阶段。关于元宇宙，不同学者对于它的定义、理解不尽相同，但一个基本的共识是，元宇宙的底层支撑技术包括物联网、云计算、人工智能、区块链、交互、游戏等，一个更加强调去中心化、沉浸感、智能化、个性化的数实共生空间正在形成。

基于这些数字技术，许多新兴的传播手段和渠道应运而生。大数据和云计算的结合实现了用户中心的智能化服务；交互技术与电子游戏技术的应用，诞生了AR、VR、MR、XR等多种高沉浸感的虚拟体验；人工智能与交互技术诞生了虚拟人，虚拟偶像经济正在起步；区块链技术已在数字藏品等领域落地应用，为虚拟空间的去中心化、数据安全、信息记录提供了坚实保障。元宇宙数字孪生、数字原生和虚实共生的多元形态创作出了如虚拟展陈、数字直播、沉浸式虚拟体验等全新的文化传播与服务渠道，文化体验形式得到极大拓展。

三、公共图书馆阅读推广活动转型升级势在必行

在社会整体迈入"数智时代"的今天，公共图书馆也进入智慧图书馆转型发展新阶段，在空间规划、资源建设、平台建设等多个方面进行智慧化探索。阅读推广活动是图书馆面向读者服务的重要窗口，也是资源、平台等图书馆建设成果的服务出口，在图书馆智慧化转型进程中扮演着不可或缺的角色。

（一）全国进入智慧图书馆建设发展阶段

以5G网络、人工智能、大数据、云计算、物联网、区块链等新一代信息技术为代表的新一轮科技革命和产业变革进一步深入发展，构筑智慧便捷、全民畅享的美好数字生活新图景，已经成为广大人民群众美好生活新期待的重要内容。图书馆作为推动全民阅读、服务全民终身学习、支持科技创新的重要公共基础设施，在新技术环境下正面临着前所未有的机遇与挑战。如何进一步推动全国图书馆的资源建设与服务，从数字化、网络化进一步迈向智能化、智慧化，成为推动我国图书馆事业高质量转型创新所面临的首要任务。

2021年3月，第十三届全国人大第四次会议通过的《中华人民共和国国民经济和社会发展第十四个五年规划和2035年远景目标纲要》明确要求积极发展智慧图书馆。

2022年5月，文化和旅游部、国家发展改革委、财政部联合印发《关于推动公共文化服务高质量发展的意见》，明确提出要加强智慧图书馆体系建设，建立覆盖全国的图书馆智慧服务和管理架构，智慧图书馆成为建设数字经济、数字社会、数字政府，以数字化转型整体驱动生产方式、生活方式和治理方式变革的一项重要内容。"十四五"时期，全国公共图书馆进入智慧图书馆建设发展阶段，在资源、服务、设施、管理等领域的全面智慧化转型，不断丰富图书馆的优质知识资源服务能力。

（二）阅读推广活动形式、渠道面临转型升级

智慧图书馆资源、服务、设施、管理等智慧化转型，让资源建设、知识服务等图书馆业务形态发生了变化。知识资源细颗粒度建设和标签标引实现了各类资源进行重新聚类，形成主题化、专题化的分类揭示，从而实现智能化知识发现；各级图书馆充分顺应时代变化，短视频、听书等更加碎片化、轻量化的资源内容成为当前资源建设的主流；VR、AR等新型特色资源建设，有效推动了馆藏资源的创造性转化和创新性发展。由此可见，在智慧化建设的大背景下，公共图书馆的知识服务模式不断发展创新，这既为图书馆阅读推广活动智慧化转型升级打下了坚实的基础，也为阅读推广活动形式、渠道的智慧化探索提出了迫切的要求。

当前，我国各级公共图书馆已经利用新媒体平台等渠道，开始探索新时代图书馆阅读推广活动新模式。新冠疫情爆发以来，更是迅速推动了图书馆线上服务不断发展创新，数字空间推广服务成为公共图书馆阅读推广活动的重要发力点。近年来，数字资源阅读、线上答题、阅读马拉松、在线讲座、在线直播等多种数字化阅读推广形式被广泛运用于各级图书馆，也受到了读者广泛欢迎。

但是，对比其他行业智慧服务，以及公众不断强化的智能文化消费需求，目前我国公共图书馆的阅读推广活动组织形式、渠道都还需要向智慧化服务进一步升级。在目前的服务实践和读者反馈中，不难看到仍需优化的一些方面：一是阅读推广服务在满足读者个性化、定制化需求方面还有一定差距，虽然图书馆文献资源非常丰富，但仍然未能真正达到"为人找书、为书找人"的智能推荐；二是阅读推广活动的形式、渠道仍与目前主流技术发展方向存在断层，活动体验不够立体、沉浸，虽然也有VR、AR等虚拟技术的应用，但还比较初级，且文化内容表达深度不足，和公众所期待的文化体验仍有差距。

综上所述，数字经济推动了社会生产生活方式的变革，催生出了新的传播形式和渠道，一个强调个体的智慧化时代由此到来。在这样的背景下，公共图书馆也顺应时代发展，进入智慧图书馆建设新阶段，资源建设和服务模式日益细致化、智能化，推动着公共图书馆阅读推广活动不断适应这些变化，探索智慧时代的转型升级。

第二节 智慧时代文化推广渠道研究

智慧时代的到来，极大拓展了文化服务推广渠道，使文化的传播和推广更加多元化、立体化，更加适应当下人们的文化使用需求和习惯。近年来，无论是公共文化机构还是文化产业机构，都积极拥抱智慧化的社会生态，将新技术、新理念与文化传播、推广有机结合，积极探索不同类型空间、不同文化推广组织形式、面向不同受众的文化推广策略。在不同维度中，文化推广渠道不尽相同，但都代表着当代文化传承的发展趋势，对智慧时代公共图书馆阅读推广渠道转型发展具有重要价值。

一、不同空间的文化推广渠道

随着互联网技术的发展，文化的传播推广跨越了实体空间，虚拟数字空间被极大地拓展。早期的文化推广，主要依靠线下渠道，通过文化讲座、展演、展览等形式面向公众提供服务。仅依靠线下文化推广渠道的弊端在于，推广范围十分有限,且受场地、人员安排等限制,推广形式和规模易受影响,文化宣传推广的服务成效比较有限。后来,新媒体的发展将文化推广带入了数字领域,微博、微信公众号等社交平台成为文化宣传推广的新阵地,图文消息、H5交互页面成为文化在网络推广的主要渠道。新冠疫情爆发以来,许多传统线下文化推广服务转移到线上,又开启了以视频为主的文化推广阶段。文化服务推广渠道的变迁反映了技术变革与公众文化需求的不断发展,在智慧时代来临之际,又有许多依托全新数字技术、交互技术的推广渠道应运而生,并正逐步与文化推广相融合,构建着一个更加多元、立体的文化服务推广体系。

(一)实体空间

随着技术不断发展和人们文化需求的不断变化,图书馆、博物馆、美术馆、剧院等文化空间的理念也随之发生着深刻的变化。过去,文化空间重视本馆的馆藏建设与服务,实体场馆多作为公众使用文化服务的平台,如图书馆的借阅功能、博物馆美术馆的展陈功能、剧院的演出功能等。智慧时代激活了公众对文化的自主选择性和交互性,各类实体文化空间逐渐成为一个开放、舒适、交流的文化平台。因此,许多文化机构都开始探索对实体文化空间的重构,将其变为一个公众可参与、体验、交流的综合文化服务推广空间。正是基于这样理念的变化,公共文化活动区、智慧体验空间、文化特色空间等全新的空间形式陆续出现,成为文化服务推广在实体空间的一系列创新特色渠道。

公共文化活动区是指在文化场所内,可供公众进行文化交流、举办各种文化推广活动的区域。在近年来文博机构空间重构中,公共文化活动区成为新空间规划方案中不可或缺的一部分。传统文化空间如图书馆、博物馆等,大厅主要作为咨询台等功能性空间,但智慧时代,数字技术所具有的零距离、无载体、人机合作等服务方式改变了传统人工工作服务模式,空间需求大大压缩,而以交流和文化推广为目的的空间需求增加,并逐渐成为实体文化场所最重要、最突出的组成部分[①]。公共文化活动区是面向到馆公众进行文化传播、活

---

① 宋兆凯.图书馆空间设计与阅读推广[M].北京:朝华出版社,2020.

动推广的第一窗口，是实体空间内文化推广最重要的渠道之一。

智慧体验空间是文化场所进行文化服务推广的另一重要渠道。当下许多文化机构都建设了自己的智慧体验空间，主要依靠各种体验式的智能设施，让公众在交互中感受文化之美。常见的智慧体验项目往往结合数字技术，内容上与文化推广有机结合，带来沉浸式的深度文化体验。常见的体验设施包括智慧屏幕，可以通过点触与屏幕内容进行交互；5D全景屏幕，可代入式感受各种影音文化内容；3D全景、全息技术体验，如全息藏品展示、互动沙盘游戏等；AI智能机器人，可提供场馆内服务的智能化导引，提升文化获取体验。智慧体验空间将休闲娱乐与文化获取有机融为一体，是文化服务推广过程中激发公众接触文化积极性的有效渠道。

创客空间等为代表的文化特色空间，也同样在培养公众文化积极性、宣传推广不同文化内容方面有着重要的推动作用。此类文化特色空间允许公众自己动手，切实感受不同类型、不同主题文化内容，实现玩中有学、学而有趣的文化推广效果。

（二）数字空间

数字空间的文化服务推广，是对传统线下服务推广的极大延伸。它突破了时间、空间的种种限制，在推广范围、内容层次、展现形式等方面都有着无可比拟的优势。线上文化服务推广以新媒体平台为主要阵地，服务渠道灵活多样，且充分迎合公众新媒体使用习惯，可以更好地满足不同层次、不同偏好公众的多样化文化需求。当前线上文化服务推广的主要渠道和形式，也依不同新媒体服务平台而存在差异，多集中在以内容推送为主的社交平台推广渠道，以短视频、直播为主的视听渠道和以强调交互、体验为主的游戏化活动推广渠道。这些渠道的共同特点在于更加满足公众碎片化、轻量化的文化使用需求，以"短、平、快"的方式进行文化推广，并依托网络社交等互联网属性完成更加广泛的文化传播。

社交平台是文化服务推广在数字空间最基本、最普遍的渠道。在我国，文化推广主要集中于微信、微博两大网络社交平台，多以面向粉丝推送文化类资讯、图文信息等形式进行传播推广。本质上这种文化推广形式仍是传统自上而下的灌输式传播，但与报刊等传统媒介不同，数字空间的文化服务推广平台更加细分多元，且具有可选择性，公众只需要关注自己感兴趣的账号、检索感兴趣的内容即可。此外，随着社交平台功能的不断拓展，文化推广的形式也得到了一定程度上的丰富，如微信小程序、视频号、微博直播等功能的加入，让文化的服务推广有了更加多元的呈现形式，用户的自主选择性也得到了进一步强化。

数字技术的发展带来了一个更加视觉化的时代，以短视频、直播为代表的视听平台在近年来迅速走红，成为文化推广得以迅速破圈、迅速传播的一种新型渠道。在我国，抖音、快手、微信视频号的用户广泛，拥有着庞大的受众基础。短视频、直播也符合当下碎片化、快餐化的信息获取习惯，公众对此类视频的转发、分享、互动具有强烈的主动性。2020年，微综艺《敦煌藏画》上线今日头条、抖音和西瓜视频，三端联动播出后，抖音#敦煌藏画#话题播放量超过2000万，单期话题也收获了超过700万的播放，话题#见证修复的力量#更是登上了抖音热搜，获赞超过177万；微博#敦煌藏画#话题带动了超10万的转评，众多微博大V参与到这一次国风的推广之中，转评赞互动量达了5.7万次之多[①]。这也证明了影音平台尤其是短视频平台作为文化推广渠道的巨大潜力，利用网络平台和粉丝的破圈效应，将极大扩展文化的传播范围和群体，全面激活文化服务的活力。

游戏化是文化推广中最强调体验感、最吸引公众主动参与的渠道，借由微信H5页面、微信小程序、新媒体客户端等多平台、多终端，以游戏或带有游戏设计理念的互动活动为形式，带给用户更加有趣、更加沉浸的文化体验。游戏本身的机制容易让人不断参与、主动分享，从而带动文化传播与推广的范围，同时游戏化的内容设计也会令文化内容的呈现更加生动有趣，在吸引公众参与的同时，潜移默化进行文化的传播推广，具有较好的服务效能。

---

① 黑马网.2.6亿曝光的破圈之作，巨量引擎《敦煌藏画》是如何做破圈微综艺的？［EB/OL］.（2020-10-26）［2022-11-26］.https://www.iheima.com/article-308448.html.

（三）虚实共生空间

"元宇宙"概念的出现和走红，催生了人们对建设一个"虚实共生"空间的构想。无论是脱胎于现实空间的数字孪生，还是诞生于虚拟空间的数字原生，都更加强调人的沉浸感和体验感，将现实内容与虚拟技术有机融合，带来超越真实的全新体验。增强现实是对现实世界的延伸，现实场景叠加数字化呈现，扩展了文化推广的内容和深度；虚拟现实可以创造出无数数字场景，通过VR眼镜、全景屏幕等设备让公众沉浸其中；混合现实进一步将虚拟内容与现实世界结合，同时包含了物理实体与虚拟信息，产生新的可视化环境；扩展现实则综合上述技术，通过计算机技术和可穿戴设备产生一个真实与虚拟组合的、可人机交互的环境。未来，现实和虚拟世界的界限将更加模糊，而由此带给人们的沉浸感、临场感体验，则会为文化更深层次的推广开辟新的渠道和方向。

数字孪生是虚拟文化空间推广的一个比较基本的方向。利用数字孪生技术，可以将文化场馆及有形资源复制进虚拟空间进行服务推广。目前，已经有博物馆、美术馆等在虚拟空间搭建数字展厅，也有剧院等推出云演艺，将传统线下服务推广搬进网络中，利用互联网无时间、空间限制的特性拓展服务对象，实现更加广泛的宣传推广。随着数字技术的进一步发展，数字孪生的虚拟空间也将更加重视用户在场感、沉浸感体验，在数字世界拓展实体文化空间无法实现的智能服务，打造一个线上线下同中有异、相互融合的虚实交互空间。

比起数字孪生，数字原生更强调在虚拟空间中的原创性、原生性。无形的文化借由数字原生技术，将得以在虚拟空间中有形化，成为文化宣传推广一条创新发展的新渠道。数字藏品将中国传统文化以更加生动可视的形式呈现在公众面前，一些数字藏品还利用区块链技术形成的唯一编码，将其作为秘钥，面向数字藏品消费者提供定制化皮肤、文化数据库等附加内容，掀起了一股国潮热；文化类谜题盒、沉浸式剧场、虚拟现实与增强现实等原创互动游戏，打通了电子游戏与现实体验，线下探索、线上解谜的模式大大增强了玩家的沉浸式体验，有效促进了文化在年轻群体中的深度推广。

智慧时代，数字技术将进一步赋能文化体验，在不同空间创造出全新服务模式，使文化服务推广渠道进一步深化，为公众提供更多可互动、可体验、可自由选择的文化产品和服务，全方位强化文化推广的服务效能。

二、文化服务推广的传播模式

不同的传播模式面向着不同的受众，决定了文化宣传推广要根据实际情况，选择不同的渠道、不同的平台，采取差异化服务策略。在当前环境下，大众传播、分众传播、泛众传播模式共同存在、彼此交融，多层次地满足不同的公众文化需求。

（一）大众传播

大众传播的核心是由传播者将生产的信息通过一定媒介面向社会大众进行传播。这是一种一对多、点对面的传播模式，信息的传播范围广、传播速度快，是当下社会常用的传播模式。在文化宣传推广中，主要体现在由文化事业、文化产业机构，面向社会公众进行文化宣传、普及、推广。大众传播是自上而下的，传播内容经过文化机构遴选后无差别性地提供给公众，如各级公共图书馆建设的数字图书馆，将数字资源和服务活动统一打包推送给读者；博物馆的数字展厅面向观众开放数字馆藏，全国观众所访问、体验的内容是相同的。由于大众传播更偏重信息传播范围广、传播速度快、触达率高，因此在传播渠道的选择上，通常会选用官方网站或微信公众号、微博等用户覆盖面广的社交平台，利用统一向用户投递图文消息的形式进行文化推广与传播。

大众传播模式的优势在于，传播内容丰富且成本较低，只要确定要推广的内容，即可快速编辑、发布，信息可即刻发布到公众一端，在实现文化尤其是公共服务均等化、打破文化地域传播限制方面，拥有无可替代的地位。无论用户身在何方，当地文化服务条件如何，只要可接入互联网，便可轻松获得海量文化资讯与服务，这尤其对一些待帮扶地区的文化宣传推广起到了巨大的推动作用。但也应看到，随着市场经济不断发展，人们的精神文化需求也日益追求个性化、精细化，大众传播广而泛的文化推广渠道已经不能完全满足公众需要，文化宣传推广在保证广泛性的同时，也要开辟更加个性化、定制化的新渠道。

（二）分众传播

继大众传播之后，为了更好地满足不同层次、不同类型的公众需求，又出现了分众化的传播形式。分众传播是在大众传播的基础上，将传播内容进一步细分成不同类型，面向不同喜好、不同需求的群体提供服务。文化宣传推广主要在受众群体和文化类型方面进行了一定程度的细分，以提供更加精准的文化服务。

在受众群体细分方面，文化机构重视对少年儿童、老年人、欠发达地区群众等不同社会特殊群体进行差异化服务。许多文化机构都会建设少儿空间，为少年儿童提供符合其成长阶段的文化内容、文化活动，在文化推广的策略上主要以提升少年儿童文化素养和兴趣为目标；而面向老年群体，则往往会在文化服务推广中，特别重视其数字化技能和信息素养的培养，许多图书馆、文化馆等机构会开设老年课堂，培训老年人使用电脑、了解数字资源，并提高网络信息素养；面向欠发达地区，则更多采取资源倾斜的推广方式，通过举办各种文化推广活动，带动当地公众了解、认识身边的文化资源及数字资源，打通文化服务最后一公里。

在文化类型细分方面，在文化资源的宣传推广上，各个文化机构也开始有意识地进行一定主题分类，资源推荐由最初的介绍整个资源库、整个展厅，逐步向类型性、主题性细分转变，这种文化推广策略将原有的资源组织结构打散，再进行同类型聚合，对不同兴趣爱好、不同层次、不同需求的受众更加友好，从"文化大杂烩"走向"主题随心选"，体现了文化宣传推广以公众为核心的理念转化。

虽然分众传播一定程度上实现了受众细分，使文化推广更有针对性、目标性，但本质上依然没有脱离由文化机构为主导的自上而下传播体系，在智慧时代，公众更加智能化、定制化的文化需求仍然没有得到完全满足。

（三）泛众传播

泛众传播模式的出现使每个个体在互联网中都可以成为一个节点，这种传播模式从根本上改变了传统自上而下的传播模式，实现了信息传播的去中心化，催生出多种点对点的新传播渠道和平台。比如大数据、云计算等数字技术，可以精准描绘用户画像，目前已被广泛应用于影视、电商等内容分发平台智能推荐中；抖音、哔哩哔哩、豆瓣等用户生产内容的平台，使去中心化的节点式传播成为可能；亚文化圈、社群文化的兴起，将志同道合的人们聚集在一起，从而诞生了以圈层为单位的内容生产与传播。泛众传播的出现，是社会个体对信息生产、传播、获取个性化、定制化需求不断增加的必然结果，对当下社会生活产生着深远的影响。

对于文化宣传推广而言，探索能够适应泛众传播模式的推广渠道势在必行。自上而下的传统传播模式无法帮助公众在海量文化资源与服务中各取所需，有必要借助大数据等智能化服务分析用户偏好，面向每位用户提供独一无二、个性定制的智能化文化推广内容，由文化资源与服务的提供者，转变为连接文化与公众的桥梁，实现更加精准化的文化服务推广。

由此可见，大众传播、分众传播、泛众传播三种不同的传播模式，传播形式、渠道不同，所实现的信息传播功能也各有特点，在文化宣传推广过程中，三种传播模式对应着不同群体、不同侧面的文化使用需求，三者互为补充、缺一不可。因此，在研究文化推广渠道中，要根据不同传播模式的社会功能，选择符合传播逻辑、更为合理的推广渠道和推广策略，以更好地满足公众文化需求。

三、文化宣传服务的推广模式

不同空间、不同传播模式给文化的宣传与推广带来了多种可能性，在不同的推广渠道，服务内容、组织形式、运营策略也都不尽相同。数字经济不但连接了人与技术，也同样实现了人与人更加紧密的连接，由此产生的智慧时代，也更加强调合作与共享。在过去，文化服务与推广一般都是文化机构、文化企业等组织各自开展，但不同主体的社会影响力、技术实现能力差异很大，综合水平较低的主体的文化服务推广效果往往不尽如人意。如今，数字技术的发展实现了人与技术的自由流动，越来越多的文化机构开始相互借力、探索行业内及跨界联合模式，甚至将社会公众纳入推广体系，形成了组织形式多元化的文化推广服务渠道。

（一）以公共文化机构为主体的文化推广

目前，文化宣传推广渠道依然以大众传播模式为主，大多数文化传播主体都通过微信公众号、微博等社交平台进行自身文化内容与服务的宣传推广，此外还有许多公共文化机构会规划设计自己的主题特色活动，通过线上、线下等多渠道进行文化服务推广。

以公共文化机构为主体的服务推广组织形式是目前文化领域运用最成熟，也较为广泛的方式，其优势在于不需要在不同机构间进行频繁协调，文化推广的灵活性、自主性、稳定性比较强，更适合做主体化、长期性的文化推广项目，如固定版块的资源推荐、定期主题活动等，容易形成较为稳定的长期用户。

但从目前图书馆、博物馆等文化传播主体的实践来看，这种组织形式存在的问题也比较突出。以公共文化机构为主体的服务推广渠道几乎完全依赖自身运维的平台，对于一些平台用户较少、综合推广能力较弱的主体而言，此种推广模式无法进一步拓展受众辐射面，文化传播与推广的范围较为封闭，不利于形成更有知名度的文化推广品牌。此外，以公共文化机构为主体的文化服务推广，内容设计和渠道运维都受技术、资金的制约，尤其是公益性文化机构，文化服务推广几乎完全依赖国家拨款，无法与商业化大企业打造的文化服务相抗衡，在文化市场进一步开放的今天，更易加速受众的流失，失去文化宣传推广的话语权。

（二）行业内联合的文化推广

目前有许多文化机构选择建设行业内联盟，通过寻求互惠互利的合作模式，充分发挥不同层次文化传播主体的优势，带动文化行业整体的服务推广能力的提升。对于图书馆、博物馆等公共文化机构，通常通过搭建行业内建设服务体系，来实现行业内的联合服务推广。如国家图书馆先后借助数字图书馆推广工程、全国智慧图书馆项目等，带动全国各级公共图书馆开展平台建设、资源建设、服务推广等工作。在阅读服务推广方面，国家图书馆牵头组织举办一些活动，联合全国图书馆共同参与，利用国图的文化资源和服务品牌，带动各级图书馆积极参与，提升全国图书馆的公共文化服务能力；也有文化机构借助微博等社交平台，打造区域性的文化服务推广联盟，形成本省或本市的文化服务推广矩阵，以此相互借力、共同推动文化推广活动和服务的开展，如2022年11月，由上海市历史博物馆牵头发起，上海市、江苏省、浙江省多家博物馆成立"上海大都市圈'1+8'城市博物馆协同发展合作联盟"，旨在建立一个点-线-面结合多层次平台，为今后进一步增强上海大都市圈范围内文博资源整合利用、打造文物资源活化利用高质量典范和长三角博物馆协同发展做出新的贡献[①]。

公共文化为文化产业提供了丰富的文化内容，同时实现了对公众文化素养的培养，而文化产业又可以为公共文化打造更有深度的文化推广品牌。近年来，文化行业内各个机构，也开始打破文化事业与文化产业的壁垒，公共文化机构开始与一些文化企业寻求联合，发挥各自文化推广优势，共同探索更有深度、更加现代的文化服务推广渠道。如近几年一度流行的"谜题盒"类游戏，通过线上线下解谜的方式，推动剧情发展，在年轻群体中广受欢迎。故宫博物院、国家典籍博物馆、秦始皇兵马俑博物馆等公共文化机构纷纷与各类文化创意公司合作，推出本馆谜题盒游戏，将馆藏资源、文化知识等融入谜题盒游戏中，吸引年轻群体进行文化消费，在文化宣传推广方面做出了创新性的尝试，并获得了良好的社会反响。这种文化事业与文化产业相互融合的文化推广形式，将文化内容、社会效益、经济效益、公众兴趣有机结合在了一起，使得公共文化的宣传推广更加灵活、生动、立体，也使得文化产业的发展更有深度、更具意义。

（三）文化推广跨界合作

近年来，我国文化建设不断加强，公众对中国优秀文化的认同感也随之不断加强。数字经济发展和数字科技进步更加速了文化传播的渠道拓展，掀起了国潮文化的浪潮，尤其受到年轻一代的追捧。许多文化机构开始走出本行业，开始寻求与潮牌、电商等的跨界合作，将文化内容融入国潮品牌，实现了文化

[①] 宁波博物院.9馆携手！上海大都市圈"1+8"城市博物馆 协同发展合作联盟今日成立［EB/OL］.（2022-11-25）［2022-11-28］.http://www.nbmuseum.cn/art/2022/11/25/art_46_52718.html.

推广的"破圈效应",实现了合作双方的互利共赢,进一步拓展了文化宣传推广的辐射范围。

IP联名是目前文化推广跨界合作最常见的形式之一,由文化机构提供文化传播推广的创意、内容,联合国内知名商业品牌进行联名,利用商业品牌已积累的消费人群,扩大文化推广的范围,吸引更多原本对文化不了解、不关注群体成为文化服务的新受众;同时,文化服务也将赋能商业品牌的打造,让商家可以借由商品的文化属性,打造更有深度、更加精美的品牌,并制造相关话题,利用消费者的文化认同和自发宣传,获得积极的品牌效益。如2019年,《上新了,故宫》与三元牛奶进行跨界联名,推出"宫藏·醇享"系列纯牛奶,将故宫"百宝镶嵌"和"掐丝珐琅"两种工艺设计用在了牛奶包装上,公众饮用牛奶时,感受到故宫符望阁和太和殿的装修工艺,真正做到了每一个人都能"把故宫带回家",文物在人们的日常生活中"活了起来"[1]。

在此基础上,还有一些实力较强、自身知名度较高的文化机构,与互联网行业高尖企业实现了长期战略合作,文化内容与技术应用强强联合,打造文化推广的高质量品牌。如敦煌研究院与腾讯自2017年以来达成了战略合作,共同积极推动敦煌文化的数字化传播,推出了"数字供养人"计划:王者荣耀飞天皮肤、QQ音乐"古乐重声"音乐会、"敦煌诗巾"创意小程序、"云游敦煌"小程序、敦煌动画剧等项目。其中,"云游敦煌"上线10日内总访问量即突破500万,其后在广受好评的"今日画语"基础上又陆续推出"敦煌动画剧""云采丝巾"等功能,荣获由国家文物局主办的2020年度中华文物全媒体传播精品(新媒体)推介项目[2]。

---

[1] 新浪网.三元X故宫联名牛奶太惊艳了,"皇家牛奶"喝出故宫文化[EB/OL].(2019-01-14)[2022-11-29].http://k.sina.com.cn/article_6534873489_1858241910 0100fef9.html.

[2] 光明网.莫高窟千年点灯夜景首次线上重现[EB/OL].(2021-02-04)[2022-11-29].https://view.inews.qq.com/wxn/20210204A0CZC800?.

（四）用户共创的文化推广模式

上述三种文化推广模式，基本都是以文化机构为主体生产与推广内容的模式，即"专业生产内容"（PGC）。随着数字技术不断发展，互联网每一位用户都成为了信息制造与传播的节点，一种"用户生产内容"（UGC）的新模式正迅速成为一种全新的文化推广渠道。用户生产内容是一种去中心化的内容生产形式，每一个用户既是受众，又可以成为内容的生产者，这种形式一定程度缓解了专业生产内容效率、数量不足的问题，是文化内容服务与推广的重要补充。此外，用户生产内容可以有效激发公众参与的自主性、积极性，易在网络社区形成文化话题的分享、传播，从而扩大文化推广的辐射面和影响力。如智慧App"三毛游"，于2021年推出景区、博物馆线下精讲产品"金牌说"，面向专业导游、博物馆员、文化历史专家、景区志愿者、互联网主播等多个群体招募"内容贡献创作人"，由这些用户提供文旅相关的各种讲解、导览，实现各大景区、博物馆多元化、多风格、多主题的讲解服务[①]。但需要注意的是，用户生产内容要与文化机构本身的文化推广目标相一致，在内容审核、发布、传播等方面，都需要制定相关规则，使用户生产内容的运营模式更加合理有序，避免出现文化推广发生偏差等问题。

进入智慧时代，文化宣传推广模式正走向多元，也带来了许多全新的合作模式和推广渠道。对于公共图书馆阅读推广而言，也需要紧跟时代潮流，对于不同文化内容，选择不同的阅读服务推广策略，不断拓展阅读推广的新渠道、新形式、新玩法，将阅读与知识服务以更加生动立体的形式展示给社会公众，实现公共图书馆引领全民阅读、传承中华文明的重要使命。

---

① 三毛游.金牌说［EB/OL］.［2022-11-29］.http://www.sanmaoyou.com/index.php/Home2/index/goldindex.html.

第三节　智慧时代公共图书馆阅读推广服务的主要类型

随着数字经济和互联网技术的迅猛发展，近年来诞生了短视频、网络直播、虚拟现实、增强现实等更加多元的网络平台，实体空间在5G网络、物联网、云计算等数字技术的加持下也诞生了诸多虚实结合的交互体验设备。这些技术的落地应用，都为智慧图书馆阅读推广渠道拓展提供了坚实的保障，阅读推广活动及服务内容、形式得到极大拓展。相较于传统的文化打包式服务，智慧时代的公共图书馆阅读推广在类型上将进一步细分，以满足不同群体多元化的文化需求。根据服务内容和形式，我们将智慧图书馆阅读推广服务分为内容主导、体验主导、文化陪伴三个类型，每一个类型所对应的推广渠道和特点不尽相同，在讨论图书馆阅读推广渠道转型发展策略之前，有必要先厘清不同类型阅读推广服务的特点，从而更有针对性地进行具体渠道规划和拓展。

一、内容主导型

内容主导型，是公共图书馆以馆藏资源等知识服务内容为主的阅读推广模式，其目的在于使公众认识、了解所推广的阅读资源、文化知识等具体文化内容，常见的内容主导型阅读推广服务包括读书推荐、文化讲座、公开课、地方志等特色文献推介等，在当前公共图书馆的阅读推广服务实践中，也是应用最广泛、最为主要的阅读推广类型。内容主导型阅读推广在线下、线上服务中均有体现。在渠道方面，线下主要通过开展不同主题的阅读沙龙、公开课等活动，吸引读者选择自己感兴趣的内容到馆参与；线上依托各类新媒体平台，将线下阅读推广内容形式进行扩充，通过微博、微信公众号等社交平台，面向公众发布图文、音视频等多媒体消息，利用平台自带的多媒体展示功能及链接跳转，介绍、展示图书馆的馆藏资源；通过抖音、微信视频号等短视频平台，开展图书馆文化讲座等知识服务。

以内容服务为主导的阅读推广，决定了此种服务类型应从图书馆馆藏资源挖掘展示出发，强调推广内容的深度、丰富、立体性。目前图书馆线上服务渠道的拓展已经出现了更加多元的内容服务推广形式，但大多数仍停留在简单提供资源入口等较浅层次打包式服务的阶段。在智慧时代，技术和平台的进一步发展为公共图书馆内容主导型阅读推广服务提供了更多可能性，馆藏资源得到更深层次、更加多元的挖掘与揭示，馆藏内容专业性与公众理解使用间的壁垒也将借由更生动立体的推广形式打破，使公共图书馆传承文明与服务社会的职能进一步融合，实现馆藏资源与文化内容的有效传播。

二、体验主导型

体验主导型阅读推广通常通过主题性阅读推广活动开展服务，其主要目的在于组织生动有趣的交互体验，激发公众参与的积极性。交互和沉浸是体验主导型阅读推广服务的核心，强调公众在阅读体验中亲自参与、探索，感受书香与文化的魅力。相较于内容主导型，体验主导型阅读推广服务的主要目的是通过提升公众参与兴趣与传播动力，扩大宣传推广的受众范围和影响力；同时经由这些沉浸体验活动，增强公众对图书馆阅读推广品牌的认同感，提升其对公共图书馆各项文化服务的使用粘性，是一种全面拓展公共图书馆服务核心受众的重要推广类型。

目前较为常见的图书馆体验主导型阅读推广服务包括以场馆内数字体验区为主的线下交互体验，以及组织交互活动、小游戏等形式为主的线上文化体验。实体场馆内的数字体验区讲究环境和氛围的沉浸，朗读亭、耳机森林、5G全景屏幕等设备可以使公众全身心沉浸在阅读世界中，感受与传统阅读不同的全新文化体验；与数字交互技术结合而实现的虚实共生交互，如虚拟现实、数字沙盘、增强现实等体验，开启了图书馆文化推广高沉浸感的探索之路。另一方面，新冠疫情爆发以来，图书馆线上服务得到前所未有的关注和拓展，也催生出了更多创意好、参与性强的线上阅读推广活动，如图书馆之夜、阅读马拉松、主题诵读活动等，这些阅读推广活动的组织更加强调与公众的广泛连接，将每一个个体从阅读推广服务的接受者转变为参与者甚至创作者，共同创造数字空间内阅读推广服务的活力和张力。

三、文化陪伴型

随着数字技术的不断发展，智能场景不断融入人们的文化生活，逐步构建出一个随时随地、无时无刻的文化传播环境。人们对文化的获取和使用变得更加"随意"和"无形"，从而产生了一种文化陪伴的公众需求。在这样的变化下，文化陪伴型阅读推广应运而生，通过文化场景的营造，以及对个体阅读活动的关注与记录，为人们创造了一个无需刻意、随用随取、无处不在的休闲化、陪伴式文化氛围，将图书馆阅读推广与文化传播融入每一个人的生活，将图书馆与人更加自然地连接在一起。

近年来，公共图书馆已然转变只提供图书借阅服务的传统运营理念，成为社会公众日常休闲、放松的文化场所。新型图书馆空间设计强调，应增加图书馆借阅等基础业务外的功能性空间，如读者休闲区、交流区、阅读推广区等，让公共图书馆走下传统"专业""严肃"的神坛，成为可以时刻陪伴每个人的文化空间。越来越多的人会选择在图书馆度过周末、节假日，享受图书馆的阅读氛围，放松身心、释放压力。许多图书馆开始尝试在休闲空间进行一些轻量化的阅读推广服务，如布置休闲读物、展示图书馆文创产品等，让人们在不知不觉中受到文化浸染，营造更加轻松休闲的阅读氛围。在线上服务方面，有图书馆通过整合用户数据，打造个人阅读年报、阅读足迹等可视化展示，记录每个人的阅读记录，见证个人成长；通过创建读书会、阅读社群，让志同道合的人们以图书馆为纽带联系在一起，从而使文化交流传播融入人们的社交生活。

第四节 智慧时代公共图书馆阅读推广渠道转型发展策略

公共图书馆阅读推广渠道是其内容服务、活动组织的最终出口，也是直接将公共图书馆服务提供给公众的窗口。智慧时代的到来和智慧图书馆转型发展的起步，要求公共图书馆走出传统阅读推广思维的束缚，充分借力数字技术、新兴平台，建立更加多元、立体的服务推广体系，细分服务内容，探索与不同服务类型相匹配的阅读推广渠道。本部分将在梳理智慧时代公共图书馆阅读推广服务主要类型基础上，结合每种类型所适合的渠道以及所应用技术、服务形式自身的特点，探寻智慧时代公共图书馆阅读推广渠道更为精准化、细分化、科学化的转型升级策略。

一、内容主导型阅读推广渠道建设策略

内容主导型阅读推广服务的核心在于对图书馆馆藏资源的深入挖掘和有效推广，因此在渠道探索与建设中，要将馆藏资源、表现形式与新兴技术有机结合在一起，让全新的阅读推广渠道能更好地服务于馆藏内容挖掘与活化以及内容生产、传播和使用。细颗粒度标签标引建设等落地应用，将使馆藏资源在新技术的加持下得到更进一步的挖掘，催生更加立体、深入的揭示服务形式；泛众传播有效实现了文化传播的去中心化，每个人都可以成为阅读推广内容的生产者和传播者，唤起阅读与知识创造分享在社会公众间的生命力；互联网发展下各种新型平台的出现使阅读推广服务得到了进一步的细化，服务于不同人群、不同主题的细分化阅读推广成为可能；大数据、云计算等技术进一步连接了人与阅读，可实现阅读推广内容的智能化、定制化服务，以人为本，进一步实现服务的精准化。在智慧时代，这些新的变化和发展为内容主导型阅读推广渠道建设提供了方向，下面将依据这四个方面具体讨论内容主导型阅读推广渠道的建设策略。

（一）挖掘与活化馆藏资源，提升阅读推广服务深度

内容主导型阅读推广服务渠道建设的规划与馆藏内容的揭示息息相关，因此在讨论渠道建设策略时，首先要关注智慧时代阅读推广内容的深化，研究其内容不断挖掘与活化后，随之而产生的新型阅读推广形式和渠道。

首先，应积极推进馆藏资源基础化加工与创新活化的融合建设。目前，OCR全文识别等技术已广泛应用在公共图书馆资源建设项目中，为馆藏文献内

容的提取、再整合打下了坚实基础。智慧时代，公共图书馆应将馆藏资源基础化加工成果进一步转化，适应当代公众的认知和需求，进行资源的创新活化利用，帮助公众降低馆藏文献尤其是古籍文献的理解门槛，寻找优秀传统文化与现代生活的连接点。如日本人文学数据开放共享中心开展的"江户菜谱数据库"项目，将日本国文学研究资料馆"日本古籍数据库"中的古文献《万宝料理秘密箱·卵百珍》进行全文OCR识别、印刷体文本转制、现代语翻译，并根据古籍中的食谱相关内容转化成适合现代人制作的菜谱，通过日本家庭美食交流社区网站Cookpad进行展示和推广[1]，实现馆藏资源通过推广活动与服务真正"活"起来。

其次，要充分利用智慧图书馆资源建设成果，打造一条可以实现知识关联的智能化阅读推广服务渠道。在语义网技术和框架指导下，根据资源的不同类型进行内容细粒度标引制作，对文本类资源实现篇章级、段落级的标引，实现主题词、关键词级的标引建设；对音视频类资源做关键词、主题词控制的内容标引。在资源精细化标引的基础上，将各类资源进行重新聚类，形成主题化、专题化的分类揭示，从而实现智能化知识发现，提供更加智能化、精准化、深层次的内容主导型阅读推广服务[2]。

（二）借力用户生产内容，拓展阅读推广服务边界

长期以来，公共图书馆的内容主导型阅读推广服务都以图书馆为主体进行策划实施，是一种标准的机构生产内容形式。在智慧图书馆转型发展阶段，公共图书馆可以尝试走出这种模式，借用社会公众的力量共同进行阅读推广服务的规划、建设。用户生产内容是互联网不断发展下新兴的一种内容生产模式，其核心在于"众创"。此种模式将社会公众也纳入内容创作的主体，将传统的

---

[1] 江戸料理レシピデータセット［E/OL］.人文学オープンデータ共同利用センター［2022-12-15］.http://codh.rois.ac.jp/edo-cooking/.

[2] 曾洁.图书馆智慧媒资管理平台建设实践探索［J］.图书馆研究与工作，2023，No.225（03）：76-80.

受众变为直接参与者，运用集体的智慧进行内容的创作和传播。如美国国会图书馆设立Innovator-in-Residence项目，鼓励公众创造性应用图书馆馆藏，来展示图书馆如何连接及丰富美国人的工作、生活和想象力，比如开放部分馆藏音频，鼓励公众基于这些资源创作新的hiphop乐曲并免费使用[①]。

对于公共图书馆内容主导型的阅读推广服务而言，打通用户生产内容的新渠道，有助于延展阅读推广的服务边界和生命力。第一，用户生产内容将吸引一些具备专业知识的创作者参与进来，帮助公共图书馆深化阅读推广的内容，一定程度上解决了当前图书馆人手、专业知识、精力等不足所导致的推广内容受限的问题；第二，用户生产内容可以极大带动社会公众主动探索图书馆馆藏资源的积极性，靠公众的自发传播不断保持阅读推广服务的内容更新和生命力。

当然，用户生产内容不意味着公共图书馆完全丧失主体性和话语权。在通过用户生产内容的渠道进行阅读推广过程中，公共图书馆更要担任起引领者和把关人的角色，通过设置各类主题、话题，有意识地引导社会公众进行特定资源的挖掘和利用；建立审核机制，保证用户生产内容的意识形态、价值表达等方面的健康；运用区块链等数字技术，建立数字台账，保护用户生产内容的相关权益。

（三）推进服务平台细分化，实现内容的多层次推广

智慧时代，图书馆阅读推广的平台、形式将进一步根据不同内容而细分，形成层次更加丰富、内容展示更加多元的阅读推广服务体系。一方面，图书馆阅读推广内容的拓展，推动着服务平台的进一步细分化；另一方面，直播、短视频、听书、小程序等媒介平台不断推陈出新，也为图书馆阅读推广服务平台提供了更多可能性。根据不同推广内容、不同层次和需求的受众，阅读推广所使用的形式和渠道也不尽相同，因此未来图书馆要具体问题具体分析，为不同的阅读推广服务选择合适的平台。

---

① Make hip hop music using the Library's public audio collecions［EB/OL］.［2022-12-15］.http://citizendj.labs.loc.gov.s3-website-us-east-1.amazonaws.com/.

对于不同资源类型的服务内容，可选择适应其类型的专业平台，如每日一则的轻量化阅读推荐，可以通过微信公众号、微博等社交平台进行推广；图书馆文化讲座、公开课等时长较长、专业性较强的服务内容，更适合支持回看等功能的直播类平台开展；而一些较为简短、活泼的文化小知识和宣传片，则更适合通过抖音、微信视频号等短视频平台进行传播；微信H5页面、小程序等渠道可更好地支持交互与欣赏类内容的推介；对于结构、体系较为庞大，内容较多的文化体系，如《山海经》神话体系，可以采取智能化多媒体数据库的形式进行展示。科学合理地选用阅读推广服务平台，可以更加精准地服务相应群体，最大限度发挥各类阅读推广的服务效能。

（四）打造内容推送智能化、定制化，实现阅读推广个性化服务

随着图书馆阅读推广渠道的不断拓展，其可服务的广度、深度也得到极大拓展，形成海量的阅读推广服务内容。公众面对这些海量信息与服务，已然不再能全盘接受，智慧时代的到来，使得人们对信息接收更加智能化、定制化的诉求不断上升，传统打包式阅读推广服务已不能适应当前精准化、个性化的服务要求。在公共图书馆探索智慧化阅读推广渠道建设的过程中，也要特别注意充分尊重用户的个性化需求，在阅读推广服务中重视智能化、定制化模块的搭建与应用，帮助公众在海量信息中可以随时找到个人所需，让阅读推广真正实现"为人找知识、为知识找人"。

用户可定制是未来阅读推广服务个性化建设应实现的一个基本功能。对于海量的推广内容，图书馆可以将其进行充分整合，形成图书馆阅读推广服务母库，持续更新服务内容。同时，在阅读推广平台中设立用户个人账户，公众可在自己的账户中根据自己的兴趣和喜好，选取平台中的资源、活动、展览，按自己的逻辑和使用习惯打造属于自己的个人专属知识库。

内容的智能化推送是智慧时代阅读推广服务的另一个重要建设方向。通过大数据、云计算等技术对用户行为进行追踪、画像，同时结合知识关联，为用户个人持续不断地推送其可能感兴趣的阅读推广服务内容。目前利用算法进行智能推荐广泛应用于音视频、电商等平台，技术已较为成熟。公共图书馆在

阅读推广服务中也应紧跟时代潮流，运用智能推送帮助公众发现内容、推荐内容，实现阅读推广的精准化服务。

二、体验主导型阅读推广渠道建设策略

体验主导型阅读推广是公共图书馆吸引社会公众参与阅读活动、激发全民阅读兴趣的重要渠道。相对于更侧重内容服务本身的阅读推广类型，体验主导型阅读推广更重视形式的创新性和公众的互动体验性，通过设计组织多种沉浸式体验项目吸引公众关注、参与。在探索体验主导型阅读推广渠道建设过程中，应首先明确公共图书馆阅读推广服务的特色和优势，找到图书馆与沉浸体验设计的连接点，在新兴数字技术运用与跨界融合等渠道加持下，进一步创新服务形式，打造公共图书馆文化沉浸式体验精品，充分激发社会公众的参与兴趣，使人们在生动沉浸的文化体验中爱上图书馆、爱上阅读。

（一）通过沉浸体验设计，凸显公共图书馆阅读推广服务特色

当前，各类沉浸体验项目层出不穷，为人们带来了前所未有的新鲜体验。在游乐园、商超、展览馆等各个机构都能接触到不同主题和形式的交互式体验设备，在数字空间也出现了更多可以充分调动人们视觉、听觉甚至触觉、嗅觉的沉浸式游戏，受到年轻群体的大力追捧。公共图书馆在探索体验主导型阅读推广服务渠道过程中，也将运用到各种体验设备、交互游戏等沉浸体验设计，但与单纯吸引公众的娱乐性沉浸体验不同，公共图书馆的沉浸式体验项目还应具备知识服务、文化传播等社会服务属性。因此，公共图书馆要充分了解图书馆阅读推广在资源、服务、受众方面的特色，在与沉浸体验设计融合的过程中，充分彰显图书馆阅读推广服务的亮点和优势，打造公共文化沉浸体验精品。

引领阅读、传承文明是公共图书馆服务的核心，因此在沉浸体验项目的设计中，要将阅读和背后的文化作为魂，通过各种沉浸式体验，让公众可以更加直观地接触文化、感受文化。如国家图书馆不断进行馆藏资源与数字技术融合的探索，打造5G全景VR《永乐大典》，将虚拟现实技术应用与古籍文献阅读服务结合，立体化展示书本中的文字及场景，让传统文化资源焕发新的生命

力[1]；济南市图书馆根据馆藏古籍《打马图谱》，推出了全国首个"图书馆×剧本杀"主题互动体验活动，将当下大热的剧本杀游戏和图书馆主题元素相结合，引导读者参与游戏的同时探索阅读[2]。这些实践都充分体现了图书馆馆藏资源与沉浸体验有机融合后所产生的文化魅力，并使社会公众在享受体验的同时，受到文化的滋养和熏陶，实现了体验型阅读推广的服务目标。

（二）与新兴数字技术有机融合，创新体验形式

虚拟现实、增强现实等新兴数字技术的发展和落地应用，为公共图书馆打造更加沉浸、多元的体验型阅读推广服务奠定了坚实的基础。对于图书馆的阅读推广服务来说，可以重点向感观型沉浸和情感型沉浸两个方向进行交互体验设计，根据不同方向的功能、需求，有选择性地与数字技术进行融合，全方位、立体化地提升社会公众的公共文化沉浸体验。

感观型沉浸体验主要通过刺激视觉、听觉、触觉甚至嗅觉、味觉等多感观，让人们在特定的场景中，身临其境地感受与现实世界不同的体验。目前应用较为广泛且成熟的技术一般依托智能穿戴设备等智能终端，连接数字空间与人的五感，全面提升用户体验的沉浸感。公共图书馆在打造以感官沉浸为目标的阅读推广渠道时，可以选用5D智能屏幕、虚拟现实穿戴设备、增强现实感应装置等，将阅读和文化场景通过数字虚拟的形式与人的视觉、听觉等感观更好地联系在一起，并实现一定程度的虚实交互，以进一步增加公众体验的真实感和沉浸感。

情感型沉浸体验则更注重交互体验过程中，公众对阅读推广的内容情感上的共情与共鸣。这种情感体验将阅读与文化内化到个人生活中，在潜移默化中对图书馆的阅读推广服务产生兴趣。其中，游戏是情感式交互体验的一条重要

---

[1] 央广网.数字文旅的精彩生活［EB/OL］.（2022-01-02）［2022-12-06］.https://view.inews.qq.com/a/20220102A01DJS00.

[2] 大众日报.图书馆正变"潮"［EB/OL］.（2022-08-25）［2022-12-06］.https://baijiahao.baidu.com/s?id=1742100476798948390&wfr=spider&for=pc.

渠道，目前已有图书馆通过打造原创谜题盒、剧本杀等游戏化渠道，探索文化内容、文化符号与数字交互技术有机融合的阅读推广新形式。2019年国家图书馆推出限时解谜活动《山海社的宝藏》，将当时典籍博物馆正在举办的"中华传统文化典籍保护传承大展"与谜题游戏相结合，玩家需要在线上推进剧情、输入答案，而后进入实体展厅寻找对应的古籍文献，解开谜题。该活动吸引了众多谜题盒爱好者前来参与。此外，也有通过趣味答题、多媒体交互等形式唤起人们情感共鸣和文化认同的阅读推广形式，这些实践都为智慧时代图书馆打造更加生动有趣的阅读推广服务提供了参考。

（三）推动阅读推广跨界合作，共同打造智慧阅读服务精品

互联网时代是一个信息、技术、服务高速流动的时代，为加速行业间打破壁垒、寻求互惠共赢提供了条件。公共图书馆作为公共文化机构，肩负着传承文明、服务社会的重要文化使命，但客观来说，公益性文化单位在资金、人才、技术等诸多方面条件有限，在文化行业内，尤其是高沉浸的体验性阅读推广方面，整体服务水平和竞争力都与企业有一定差距。但公共图书馆的优势在于保有珍贵的馆藏资源和公众基础，因此，公共图书馆在进行阅读推广新渠道转型升级过程中，应充分借力跨界合作，将馆藏优势和文化属性，与企业的技术和品牌充分结合，共同打造阅读服务精品，树立知名文化品牌，实现文化推广社会效益与经济效益的双向共赢。

近年来，公共图书馆在阅读推广服务中已经进行了一定的跨界合作探索。杨威在《公共图书馆跨界合作阅读品牌建设研究》中对副省级以上图书馆跨界合作情况进行了调研，普查结果涉及讲座、展览、展演、竞赛、科创、征集等多种活动类型，常见合作对象有政府机关、公益性社会服务民间团体、地方性主流媒体以及教育机构[1]，并形成了一些较有影响力的品牌阅读活动。智慧时代，跨界合作的范围和渠道又得到进一步拓展，2022年世界读书日期间，

---

[1] 杨威.公共图书馆跨界合作阅读品牌建设研究[J].大学图书情报学刊，2022，40（03）：52-56.

虚拟偶像洛天依成为上海图书馆阅读推广大使，首次在"上图之夜"与读者见面[1]，并于上海图书馆东馆正式开馆后，在七楼阅读推广区为读者吟诵《诗经·秦风·蒹葭》[2]，受到公众的广泛好评。由此可见，数字藏品、游戏、虚拟偶像等沉浸感更强、体验更生动的虚拟空间文化表达形式已成为社会公众全新的关注点和兴趣点，公共图书馆在打造阅读推广品牌过程中，也应顺应时代发展潮流，不断寻找新的文化痛点，在跨界合作中相互借力，打造智慧阅读服务精品。

三、文化陪伴型阅读推广渠道建设策略

陪伴型阅读推广服务作为一种文化陪伴，更加注重为人们提供长期的、稳定的、持续的文化内容输出，使图书馆的阅读推广服务融入生活于无形，让阅读成为一种自然而然的习惯，潜移默化地影响到每一个个体。重视内容和形式的可持续性、可溯性、随用性，是文化陪伴型阅读推广渠道建设的基本策略。公共图书馆应进一步优化文化陪伴型阅读推广渠道的可持续化运营，保证提供长期稳定的服务，搭建可持续提供文化陪伴的平台或场景；活用大数据等数字技术，注视和记录读者使用图书馆各项阅读推广服务的轨迹，并通过可视化形式为公众提供可供回溯的阅读成长记录；增强文化陪伴型阅读推广渠道的易用性，提供更加轻量化、碎片化、智能化的智慧服务，让阅读和图书馆的各项文化服务成为贯穿在人们日常生活中、可随用随取的便捷性文化体验。

（一）注重推广渠道运营的可持续性

"陪伴"是一种长期性、持续性、常态性的状态。文化陪伴，是要把文化的传播推广化于无形，为人们的日常生活学习提供长期稳定的可持续服务。因

---

[1] 上观新闻.赵丽宏胡歌洛天依助阵，上图东馆揭幕前，"上图之夜"不失约[EB/OL].（2022-04-23）[2022-12-07].https://export.shobserver.com/baijiahao/html/476692.html.

[2] 上海图书馆.古音唤醒　吟诵重声 | 洛天依邀您一起吟《诗经》[EB/OL].（2022-11-11）[2022-12-07].https://mp.weixin.qq.com/s/Jc5JIKP5SQd99JeY9K3Zbw.

此，公共图书馆应注重文化陪伴型阅读推广运营的长效性和可持续性，为社会公众提供更为稳定的阅读与知识获取平台和场景。

在实体场馆阅读推广服务中，可以通过对图书馆实体空间设计的重构，搭建一个可以长期供人们休闲放松、享受阅读的文化休闲区域。该空间与传统图书馆阅览室的不同点在于，其不具有特定的空间使用目的性，人们可以在文化休闲区选择自己喜欢的休闲类书籍，可以打卡参观、感受图书馆的文化氛围，也可以与家人、同伴共享悠闲时光。搭建文化休闲区域主要是为了让阅读在潜移默化中成为一种人们日常生活的陪伴，鼓励公众以自己的方式使用图书馆，并由此对阅读产生兴趣。

对于线上服务而言，维持阅读推广渠道运营的可持续性则更为重要。目前，部分图书馆在线上的阅读推广运营缺乏长期规划，如追随潮流创建了抖音、微信视频号、喜马拉雅等新兴媒体平台的账号，但缺乏稳定的运营机制，在运营一段时间后就不再进行管理，形成大量"死号""空号"，这对于公众形成规律的阅读习惯和文化陪伴体验是非常不利的。未来，公共图书馆应对自身阅读推广的平台渠道进行梳理、优化，树立长期稳定的运维意识并做好相应规划，以确保公众可以在图书馆的各个服务平台上长期使用服务，实现文化陪伴的目的。此外，还应对长期服务的阅读推广服务品牌、内容进行持续宣传与指引，如通过微信公众号菜单等设立跳转入口的方式，帮助公众形成稳定的使用习惯，增强阅读推广服务的用户粘性。

（二）利用大数据等技术实现阅读推广服务可回溯

成长与记录反映了每个个体独一无二的生活轨迹，是每个人个性化的具体体现。文化陪伴型阅读推广服务所营造的是图书馆空间内的阅读生活体验，作为一种文化与情感的陪伴，也需要结合大数据分析等数字技术，对用户对图书馆阅读推广服务的痕迹进行收集、记录，并通过可视化展示等手段反馈到用户个人，在记录中体现个体成长、完善用户个人画像。公众则通过这些数据的反馈，更加直观地了解当前的个人阅读情况、阅读喜好，并据此不断调整自己的阅读和知识获取方向，不断提升、完善自我，让图书馆的阅读推广服务成为陪伴和指导人们成长进步的重要组成部分，更加深入地参与到社会公众的自我成长、自我提升的过程中去。

（三）增强文化陪伴型阅读推广服务的随用性

文化陪伴型阅读推广服务讲求与用户的实时伴随性，即提供随时随地、无时无刻的公共文化服务。因此，在此类阅读推广渠道的探索中，应根据不同平台的特点和功能，增强阅读推广服务的随用性，让阅读真正成为一种自然而然的生活习惯，时刻伴随在公众身边。

首先，选取的阅读推广渠道应保证可提供轻量化、碎片化的内容和服务。陪伴型阅读推广服务往往是为了满足公众日益休闲化、泛在化的文化需求，而人们在这种情境下更加倾向于不需要投入过长时间和精力的"短、小、微"型阅读体验。目前，微信、微博、抖音、小红书等新媒体平台也表现出信息碎片化的运营特点，极大地影响了当今人们的信息接收习惯，信息传播与服务内容的微型化、轻量化成为被社会公众普遍接受的新趋势。公共图书馆在搭建提供持续性陪伴化阅读推广渠道时，可以充分借助公众普遍认可并习惯使用的新媒体平台，推出一些微阅读、微视频、微服务，让阅读融入公众日常信息获取的主要渠道中，降低公众参与阅读推广服务的门槛，提升图书馆阅读推广服务的易用性和便捷性。

此外，各级图书馆还可以充分借鉴其他行业相对成熟的运营推广模式，通过公众熟悉的互联网新玩法、新生态，建立阅读推广服务与用户之间的纽带，让公众可以更加方便地接触到各种图书馆阅读推广服务信息。如可借鉴电商会员制，利用微信、微博等平台的粉丝消息模板推送功能，面向读者进行智能化信息推送，将阅读推广的资讯和服务主动送到公众面前。

以上提到的内容主导型、体验主导型、文化陪伴型三类阅读推广服务类型及策略，只是针对不同类型比较突出的不同特点，针对不同层面进行的粗略探讨。在公共图书馆的实际建设运营中，以上三种类型的阅读推广服务并不完全相互独立，在很多具体项目中都会出现交叉、融合。因此，各级公共图书馆在阅读推广服务渠道转型升级探索中，也要根据自身具体建设服务情况，有针对性地进行策略的选取和调整，通过对渠道的创新不断深化图书馆阅读推广的服务效能，实现推动全民阅读、传承中华优秀传统文化的社会效益。

第五节　图书馆阅读推广渠道创新应注意的问题

智慧时代公共图书馆阅读推广渠道的不断拓展和创新，已成为智慧图书馆建设服务的必然趋势。新兴技术的运用、推广平台的扩充、跨界合作的不断加深，为阅读推广渠道转型升级提供了多元化策略支持，但数字时代带来的发展变化也同样是一把双刃剑，信息安全、运营维护等方面面临一些新的问题。公共图书馆在拓展阅读推广渠道时，也需要对可能存在的问题进行充分认识，并根据自身情况寻找解决方案，保障阅读推广服务安全、健康、平稳开展。

一、用户隐私与信息安全

如今，社会已经进入到一个数据与信息的时代。无论是完全依托数字渠道提供的阅读推广服务，还是数实结合的阅读推广服务，都离不开对用户数据的收集和利用，因此，保护用户隐私的信息安全是阅读推广应特别重视的一个问题。各级图书馆需建立更加完善的信息保护机制，对用户信息采集、使用范围作出明确规定；对服务器进行定时管理维护，保证信息安全。同时，可利用区块链等新兴数字技术，将用户信息及权益上链，确保信息不被篡改，维护用户的信息安全和个人权益。

二、网络意识形态风险防控

数字技术的广泛应用，使得网络意识形态风险防控难度进一步加大，尤其是以用户生产内容为渠道的阅读推广服务，更要加强对公众发布内容意识形态的审核，保证服务内容健康、不被西方势力渗透。应建立更加完善的网络意识形态风险防控机制，对阅读推广的内容进行审查后发布，特别是用户生产内容的推广渠道，可以利用关键词筛查、AI语义识别等技术进行内容审核辅助。同时，在阅读推广服务中加强对公民网络意识形态的宣传教育，及时化解网络意识形态风险。

三、多平台服务的持续运维

未来，公共图书馆开展阅读推广服务的渠道、平台将进一步走向多元，如何在多平台中维持平衡，实现长期、稳定的服务运维，是下一步公共图书馆阅读推广服务应考虑的问题。对于省部级等阅读推广服务资金较为充足的公共图书馆，可以考虑在全国或地域范围内带动市县级图书馆进行联合服务推广，将本馆一些品牌性阅读推广活动面向地方进行共享，一方面可以降低基层图书馆单独进行服务推广渠道建设的成本、避免重复建设重复服务；另一方面可以借基层的力量进一步扩展品牌性活动的服务范围，不断深化阅读推广精品的服务效能。另外，各级图书馆还可以利用推广平台的数据统计和功能，对各个服务平台的阅读推广效果进行评估，对服务效能较低的平台渠道进行及时调整，优先保证优势阅读推广渠道的稳定运营，根据自身情况，做到有的放矢、有所取舍。

智慧时代，公共图书馆阅读推广渠道转型升级已经成为必然趋势。社会生产生活方式的变化、新兴技术的持续迭代发展、文化宣传推广策略与渠道的不断创新，既是图书馆阅读推广服务进行渠道创新的推动力量，也是指引图书馆进行渠道建设与探索的参考和方向。全国各级图书馆应结合新时代、新技术、新需求，不断拓展阅读推广服务渠道，运用更加多元的形式不断深化馆藏资源揭示、彰显图书馆服务的特色和优势；打造更具沉浸感、体验性更强的阅读推广服务，吸引更多社会公众爱上图书馆、爱上阅读；营造如影随形的图书馆阅读文化氛围，让图书馆的服务和书香成为人们日常生活必不可少的精神陪伴，引领全民阅读走向一个更加智慧、立体、丰富的新纪元。

第七章
智慧时代公共图书馆阅读推广运行机制

　　机制，是指有机体的构造、功能及相互关系。阅读推广的运行机制是指阅读推广系统的组成要素和各要素之间的结构关系、外部影响因素及其影响关系、在内外因素作用下的运行过程。借助传播学、营销学、教育学等的理论观点去理解阅读推广，其机制重在信息传播与互动，本质上可以看作一个完整的信息流。信息流由信息源、信息、信道、信宿、信息传播与反馈等组成。鉴于此，本书认为阅读推广的组成要素包括推广主体、推广对象、推广客体、推广渠道等。公共图书馆作为主体开展阅读推广的过程，首先要明确目标用户，然后根据目标用户的需求确定推广对象的内容，即知识信息的内容，同时推荐适合用户的推广信息，根据用户需求和习惯，通过合适的推广渠道开展阅读推广，最后对阅读推广工作效果进行评估。

第一节　阅读推广要素之间的关系

一、主体之间的关系

　　阅读推广工作的主体众多，应该采用互联网界的整合思维，不同主体之间加强分工协作，利用统一的策划和宣传推广，去开展阅读推广活动，从而提高效果并扩大影响力。若能让各主体之间的优势充分地结合，加强交流，比如政府媒体大力宣传阅读的重要性并出台相关阅读政策，同时图书馆阅读推广人积极开展阅读推广活动,其他群体如短视频学习类博主高频推荐自己最近阅读的一些书目。实现不同的主体面对不同的群体,分工合作,互为补充,发挥好各个主体的优势,这样就可以将推广效果最大化[①]。政府部门承担全民阅读推广的职能,应该牵头统筹组织各类推广机构共同开展阅读推广工作,协调各类推广机构之间的工作分工,打好配合战。出版机构、学校、图书馆除了可以与自己的同行业机构协作外,还可以与其他行业机构、社会组织、家庭等协作;在公共图书馆内部,不同的职能部门也可以携手协作开展某一主题类的阅读推广活动。

二、目标用户与推广主体的关系

当前,随着各种智能设施、智慧场景融入社会日常生活,人们对文化体验的需求和使用习惯也在发生变化,强沉浸感、体验感的文化体验设施,个性化、定制化的文化服务,生动灵活的文化内容,正日益成为人们文化消费所关注的重点。不同类型的推广主体侧重于不同的目标用户群体,政府部门的目标用户是全体公民;出版机构、媒体会根据自己的市场定位来确定某项阅读推广工作是面向全民还是某类特定的用户;学校主要是面向在校学生和教职员工;公共图书馆的主要用户群体是全民大众,也有面向一些特殊群体的阅读推广活动。同一类型的推广主体也会根据自己某一个阶段的发展定位与任务,进一步细分阅读用户,选择自己的目标用户群。各主体都要坚持以人为本,从用户需求出发,了解智慧时代社会公众的文化需求、使用习惯、体验诉求等方面的变化,选取公众熟悉、乐于使用的媒介平台,借鉴公众在其他文化消费中所喜爱、认可的形式,寻找能与主体特色、使命有机结合,更好满足社会公众新时代阅读与知识获取需求的新渠道、新形式、新玩法。

三、推广客体与主体、目标用户的关系

不同的推广主体面向不同的目标用户,会推送不同的推广客体。宏观上,

---

① 徐静怡.传播学视域下公共图书馆阅读推广研究[D].哈尔滨:黑龙江大学,2021.

政府站在国家弘扬中华优秀传统文化的高度，促进全民阅读素养和阅读服务事业跨越式发展。微观上，出版社、媒体、数据库商、图书馆等各有侧重，出版机构侧重于出版的读物、服务项目、品牌兼顾阅读素养；媒体、社会组织、家庭等侧重阅读素养和经典读物；图书馆全面覆盖阅读素养、读物、服务项目、服务品牌。而在具体操作中，图书馆很难把每项知识服务在同一时间推广出去，应该先清楚地定义推广活动的具体目标，从而选择不同的推广客体。各类推广主体都应该针对目标客户的需求精心设计、选择合适的推广客体。智慧时代阅读推广客体的建设需要以用户、用户信息行为及需求为出发点，加强信息资源的组织、整合与建设，逐步从信息服务向知识服务迈进，挖掘用户信息行为，以用户需求为主导，提供个性化发现、情景发现，提供用户个性化信息资源推荐服务，提高移动、泛在的信息资源可发现性。

四、推广渠道与目标用户、客体之间的关系

推广渠道是丰富多元的，推广主体在选择推广渠道时，应该充分考虑目标用户需求和推广客体的特点等因素，借助不同渠道的自身优势，组合使用，提高推广效果。对于不同用户来说，因为年龄、性别、素养、教育程度等的不同，其使用媒介的能力、条件以及获取信息的渠道是不一样的。面对不同的推广客体，其推广渠道也存在适配问题，例如深度的数字阅读引导、深度数字读物等适合通过更加专业的媒介或平台推广，立体读物更多借助在线多媒体媒介推广。对于有阅读意愿但不善阅读的读者来说，多媒体、游戏等形态的推广更能提高他们的感知效果。智慧时代的到来，极大拓展了文化服务推广渠道，使阅读推广更加多元化、立体化，更加适应当下人们的文化使用需求和习惯。近年来，无论是公共文化机构还是文化产业机构，都积极拥抱智慧化的社会生态，将新技术、新理念与文化传播、推广有机结合，积极探索不同类型阅读推广空间、不同文化推广组织形式、面向不同受众的文化推广策略。在不同维度中，文化推广渠道不尽相同，但都代表着当代文化传承的发展趋势，对智慧时代公共图书馆阅读推广渠道转型发展具有重要价值。

第二节 智慧时代公共图书馆阅读推广思路

智慧时代对公共图书馆的阅读推广转型升级提出了新的要求。2021年3月，文化和旅游部、国家发展改革委、财政部联合印发《关于推动公共文化服务高质量发展的意见》（以下简称《意见》），为在新的形势下更好推动公共文化服务实现高质量发展提出了若干意见。《意见》指出，要促进公共文化服务提质增效，拓展服务内容，创新服务形式，提升服务品质；要加快推进公共文化服务数字化，大力发展基于5G等新技术应用的数字服务类型，拓宽数字文化服务应用场景[1]。公共图书馆阅读推广服务是公共文化服务的重要组成部分，全国各级公共图书馆在智慧化转型发展过程中，在加强资源、平台的智能化建设基础上，应积极探索阅读推广服务形式，以读者为中心，结合最新数字技术，将阅读推广服务与新时代公众文化需求有机结合，搭建起一个更加多元、立体、生动的公共图书馆阅读推广体系。

一、总体思路

2022年世界读书日期间，习近平总书记致信祝贺首届全民阅读大会举办，并在信中强调，阅读是人类获取知识、启智增慧、培养道德的重要途径，望全社会都参与到阅读中来，形成爱读书、读好书、善读书的浓厚氛围[2]。公共图书馆肩负着引领全民阅读、传承中华文明的重要使命，在数字经济兴起、社会迈入智慧时代的今天，各级图书馆应充分把握新时代发展趋势，从"人"的角度出发，以读者为本，以技术为媒，充分挖掘适应时代发展和公众文化需求的

---

[1] 文化和旅游部,发展改革委,财政部.关于推动公共文化服务高质量发展的意见[R/OL].（2022-03-08）[2022-12-01].http://www.gov.cn/gongbao/content/2021/content_5602033.htm.

[2] 习近平致首届全民阅读大会举办的贺信[EB/OL].（2022-04-23）[2022-11-29].http://www.gov.cn/xinwen/2022-04-23/content_5686827.htm.

阅读服务推广渠道，搭建智慧时代公共图书馆阅读推广体系。

（一）以读者为本，发掘阅读推广服务新思路

智慧时代，信息的流动出现去中心化的趋势，更加强调"个体"的需求和价值实现。公共图书馆的阅读推广服务，也要更加注重从公众的角度出发，了解、研究智慧时代读者的阅读和知识文化获取需求与习惯，原有的自上而下的阅读推广方式需要改变，需要创新公共图书馆阅读推广服务新思路。应通过开辟新的推广渠道、探索新的服务形式，让公共图书馆的阅读推广服务更具定制化、更富灵活性、更加深入化，满足不同年龄、不同层次、不同兴趣的读者群体的文化需求，实现阅读推广与文化服务"因人制宜"，为每一位公众提供智能化、专属化的阅读体验。

（二）以技术为媒，拓展阅读推广新渠道

数字技术的飞速发展，催生出许多文化宣传推广的新形式、新渠道，公众对更加智能、生动、便捷的文化体验的期待也在逐步提升。越来越多的文化行业开始应用虚拟现实、增强现实、区块链、大数据、云计算等新兴数字技术，从而为公众带来了更加丰富和深入的沉浸感和体验感。阅读推广服务是公共图书馆进行知识服务和文化传播的主要抓手，面对社会发展和公众兴趣习惯的变化，应积极探索新时代、新技术下的阅读推广服务新渠道。图书馆应以数字技术为基础，积极探索新技术与阅读推广服务的结合形式，提升阅读推广活动的丰富性和生动性，增强公众阅读和文化体验的在场感、沉浸感，以数字技术赋能阅读推广，不断提升图书馆阅读推广服务效能。

二、建设目标

全国智慧图书馆建设的重要内容之一是公共图书馆阅读推广服务的转型升级。应重点实现以下四个目标：一是实现不同的主体面对不同的群体，分工合作，互为补充，发挥好主体之间的优势；二是梳理公共图书馆阅读推广服务现存问题和困难，探索适合智慧时代新的阅读推广渠道；三是将各种不同推广渠道进行归纳，建立起多元化、立体化的全国阅读推广体系，实现多个推广渠道

并行、彼此推动的阅读推广运营模式；四是通过阅读推广渠道的探索和升级，充分地满足智慧时代公众的阅读与文化需求，更好地履行公共图书馆引领全民阅读、传承中华文明的社会职责。

（一）拓宽推广主体跨界合作渠道

公共图书馆在资源优化方面，可以与出版界、资源服务商合作，力争为读者推广更好更新的阅读资源，而传媒行业对于阅读推广的渠道则更加专业和规范，公共图书馆可以与之合作，拓展阅读推广渠道，比如线上线下同步开展，线下讲座，线上直播。扩大读者参与范围，方便不能参加实地活动的读者，弥补空间限制等；或者是渠道承接，不同时间段采用不同的渠道，比如，先是开展线上竞赛、答题，后期开展线下的专家授课颁奖等活动；丰富活动形式，提升多样化读者的活动参与效果，强化读者的参与体验。民间组织在阅读推广空间构建和环境搭建方面很有经验，公共图书馆可以与之合作，适应服务活动化对场地的特殊需求，进行空间改造，为不同的阅读推广场景选择或者建立合适的空间与技术，提出适合特定图书馆阅读推广实践的阅读推广环境解决方案，如影视欣赏空间、经典阅读空间[1]。

（二）探索图书馆阅读推广新渠道

随着技术的进步和社会生产生活方式的不断变化，人们对于文化更深层次、立体化的体验感、沉浸感提出了更高要求，原有的一些以图文宣传、简单交互为主的阅读推广形式已经不能满足当代公众的阅读和知识获取需求。智慧时代公共图书馆应以积极探索阅读推广新渠道为目标，结合当前新型数字技术，思考虚拟现实、增强现实、区块链等在文化实体空间、数字空间、数实结合空间的应用场景，打造适合智慧时代图书馆阅读推广的新服务渠道。在阅读推广内容方面，借助新手段、新媒体、新平台，深化阅读推广服务的深度和广度；在服务形式方面，借力多种新兴平台，不断拓展阅读服务推广渠道，使服

---

[1] 惠涓澈.图书馆阅读推广需要厘清的几个问题［J］.图书馆研究与工作，2020，No.193（07）：26-31.

务形式更加多元、立体、沉浸；在宣传推广方面，充分利用泛众传播等新型传播形式，发挥公众个体主观能动性，利用互联网文化圈层、社群等实现点对点的自发宣传推广，进一步拓展公共图书馆阅读推广服务的传播范围，提升阅读推广的服务效能。

（三）建立多元化的全国阅读推广体系

智慧时代，公共图书馆将不断探索建设、丰富和扩展阅读推广渠道。在此基础上，还需要根据不同阅读推广渠道的形式、特点、作用，将其进行分类和整理，建立起一个渠道多元、各司其职的公共图书馆阅读推广体系。该体系将由国家级公共图书馆牵头，联合全国各级公共图书馆共同搭建，重点围绕阅读推广服务的空间环境、组织模式、服务平台、服务重点，将未来不同渠道的阅读推广服务、活动进行分类，形成可供全国公共图书馆参考的公共图书馆阅读推广体系，各馆可在该模型框架下，结合自身实际情况，进行本馆阅读推广的建设与服务。与此同时，该体系还将实现部分阅读推广活动、服务的合作互惠，一方面可借助国家级、省级等大馆联合打造全国或区域性阅读推广品牌，提高我国阅读推广服务的影响力；另一方面，也可一定程度上解决中小微型公共图书馆资金、技术等受限的问题，使智慧图书馆阅读推广服务真正惠及基层，实现真正意义上的文化惠民。

（四）满足社会公众智慧时代文化需求

图书馆开展阅读推广的最终目的是服务读者，将图书馆的馆藏资源、知识服务以更加平易近人、立体多元的形式呈现给社会公众，吸引公众广泛参与，从而形成全民阅读的良好风气。图书馆也逐渐从单纯的阅读空间，向更为开放包容的文化休闲空间转变，出现了"文化陪伴"的全新服务属性。因此，在智慧图书馆阅读推广渠道探索与建设过程中，要坚持以人为本，从用户需求出发，了解智慧时代社会公众文化需求、使用习惯、体验诉求等方面的变化，选取公众熟悉、乐于使用的媒介平台，借鉴公众在其他文化消费中所喜爱、认可的形式，寻找能与公共图书馆特色、使命有机结合，更好满足社会公众新时代阅读与知识获取需求的新渠道、新形式、新玩法，让图书馆通过阅读推广服务，形成一种始终陪伴在公众左右的文化氛围，让享受阅读、获取知识更加深刻地融入到人们的日常生活中。

三、建设原则

公共图书馆阅读推广智慧化转型升级，是为了将馆藏资源、数字技术、公众需求进行更好地连接。在阅读推广运行机制中，应时刻围绕三者间的关系，明确建设原则，科学合理地进行规划设计。首先应坚持数字技术与馆藏资源紧密结合的原则，让新兴技术在阅读推广服务中为图书馆馆藏资源赋能；其次应认识到，新渠道的探索建设是为了更好地深化阅读推广服务的内容和质量，在渠道转型升级过程中，应注重利用新渠道，使阅读推广更富深度、更有内涵；再次是要充分了解公众需求，让图书馆阅读推广服务的形式、渠道更加智能便捷，为公众提供更加个性化、现代化的服务体验；最后可以寻求行业间、跨行业等多方合作，结合不同内容、不同主题的阅读推广服务，积极探索形式多样、体验丰富的阅读推广渠道，进一步形成社会全民阅读的良好风气。

（一）技术与图书馆特色服务内容紧密结合

公共图书馆的阅读推广活动始终以馆藏资源的推广与服务为核心，在各种文化活动、互动体验层出不穷的今天，图书馆馆藏资源是其阅读推广服务有别于其他机构的重要标志，也是公共图书馆阅读推广服务的核心特色和优势。因此，在公共图书馆阅读推广智慧化转型升级，尤其是对阅读推广渠道、形式进行探索的过程中，要牢牢坚守数字技术与馆藏资源紧密结合的原则，发挥公共图书馆自身的优势，在"对馆藏资源的深入挖掘、提取"上下功夫，并以此为基础寻找适合与新兴数字技术、推广平台相结合的点，实现具有公共图书馆特色的阅读推广服务创新。在对数字技术的融合应用上，应摆正自身定位，从服务内容出发寻找适合该内容表达的技术融合方式，切勿过度沉溺于对新技术的开发应用，只求概念创新和感官刺激，导致图书馆阅读推广服务目标的偏移。

（二）借用新渠道深化阅读推广内容质量

智慧时代，文化推广形式、渠道的创新拓展，带来了更加多元的文化内容表达形式。互联网直播、虚拟现实、增强现实等高沉浸感体验，客观上为图书馆阅读推广内容进一步深化奠定了基础。对各种新技术、新平台、新渠道落地应用的研究，也是为了更好地将图书馆馆藏资源、文化内容有效传递给公众，通过各种形式的阅读推广活动和互动体验，打破以往传统知识服务对普通公众的高门槛，将文化与知识以更加生动灵活的形式呈现在公众面前，全面提升图书馆阅读推广与知识服务的效能。不同的推广平台、推广渠道拥有着自己的特点，适合不同形态、不同深度文化内容的传播。公共图书馆应充分借助不同渠道平台，深入理解不同媒介与推广模式的差异，因地制宜地对阅读推广服务的内容进行规划和重构，推出不同深度、不同形式、面向不同群体的多元化阅读推广活动策划与服务。

（三）提供智能便捷的现代化服务

智慧图书馆离不开现代化、智能化的建设方针，在阅读推广服务方面，也应始终贯彻这一原则，积极拓展更加智能便捷的现代化阅读推广渠道，与时代发展同频。智慧时代图书馆阅读推广渠道应符合以下几个特征：一是力求服务渠道的现代化，要在已有传统服务推广形式的基础上，结合当下公众接受度高的媒介、服务平台，拓展新的服务渠道，让阅读推广服务更与时俱进、更具现代化；二是要注重服务渠道的使用便捷性，吸取已有精品的建设模式和运营优势，不断提升公共图书馆阅读推广平台渠道的用户体验，避免因使用流程过于复杂烦琐而造成用户流失；三是要重视新推广渠道的个性化、定制化，充分彰显智慧图书馆阅读推广服务的智能性，让公众在使用图书馆阅读推广服务时可以各取所需，实现内容的智能化推送和精准化服务。

（四）多方联合，探索多种形式的阅读推广服务

正在到来的智慧时代是一个广泛连接的时代，因此公共图书馆在阅读推广服务中也要逐渐摒弃闭门造车的传统理念，寻求图书馆行业、文化行业乃至跨行业间的互惠合作，共同探索更加丰富的阅读推广服务渠道，打造更具社会影响力的阅读推广品牌。在多方合作中，公共图书馆作为文化服务内容的提供方和全民阅读的主要推动方，应把握好自己的行业定位，在阅读推广活动及服

务策划中积极促成、推动阅读的社会效益；在与文化创意产业等商业机构合作时，应与合作方共同寻找文化推广品牌打造中社会效益与经济效益的结合点，将数字经济的思维和技术运用广泛纳入图书馆阅读推广服务中来，用新的形式、新的玩法吸引公众参与，实现文化传承与文化消费的双赢。

第三节　智慧图书馆阅读推广转型路径

一、以促进全民终身学习为目标

公共图书馆面临的服务升级过程中资金不足、人力资源匮乏、资源配置不协调等问题，制约了公共图书馆的阅读服务转型升级，而政策文件的推动恰好为阅读服务转型升级提供了新动力[1]。《全民科学素质行动规划纲要（2021—2035年）》指出，我国培育公民科学素质的工作虽然在近年来取得了很大成绩，但也依旧存在不足，未来需要加大科学精神的推广力度，培育更加浓郁的科学理性社会氛围，提高科学知识普及供给能力，重点关注基层科普资源供给；我国公民具备科学素质的比例达到25%为2035年远景目标，目标计划显著缩短城乡区域发展差距、基本实现科普公共服务的均等化；按照青少年、农民、产业工人、老年人和领导干部与公务员等群体进行划分，有计划地培育科学素质[2]。

二、积极应用智慧创新技术

近年来，以"元宇宙"为代表的新型虚拟空间概念正在形成，人工智能、区块链、大数据、融媒体技术等新兴数字技术，为智慧图书馆阅读推广进一步

---

[1] 于佳芩.面向2035的公共图书馆阅读服务转型路径研究［D］.沈阳：辽宁师范大学，2022.
[2] 摘自国务院关于印发全民科学素质行动规划纲要（2021—2035年）的通知.

深化拓展带来了新的思路。"元宇宙"及其支撑技术也极大拓展了文化传播的形式和手段，为智慧图书馆阅读推广转型升级开辟了更多可能性：大数据和云计算的结合可实现以用户为中心的智能化服务；交互技术与电子游戏技术的应用，使AR、VR、MR、XR等多种高沉浸感的虚拟文化体验成为可能；基于人工智能与交互技术的数字虚拟人、虚拟偶像正在起步；区块链技术已在数字藏品等领域落地应用，为虚拟文化空间的去中心化、数据安全、信息记录提供了坚实保障；元宇宙数字孪生、数字原始和数实相生的多元形态催生出如虚拟展陈、数字直播、沉浸式虚拟体验等全新的文化传播与服务渠道。这些新技术如应用到智慧图书馆阅读推广中，势必将有效推动阅读推广的转型升级，进一步提升公共文化服务效能。

公共图书馆应发挥自身阅读资源优势，借助各类新智慧技术，主动感知并发现读者潜在阅读需求，从源头精准把握阅读资源供给方向，为读者提供优质、精细化阅读服务。提高智慧化阅读服务主体能力、对接读者智慧化阅读需求、扩展智慧阅读资源的供给范围、促进阅读服务空间智慧化转型。智慧环境下，公共图书馆可切换虚拟阅读场景，读者借助智慧设备进行阅读互动，增强用户参与感，在智慧空间中为用户塑造沉浸式阅读体验环境，从阅读空间向阅读场景转型。

三、实现个性化精准推广

智慧时代，信息技术和社会环境的发展不仅改变了人们的生活方式，也加速了社会的变革，用户的阅读方式、休闲方式、沟通方式和支付方式都发生了很大的变化，在强调个体发展的社会环境下，受个体差异的影响，每个用户的阅读需求是不同的，用户对图书馆的阅读资源、阅读服务、阅读平台、阅读场景需求日益多元的同时，也开始追求定制化、个性化的阅读服务。用户会倾向于在一些权威的网站或是信息平台上，快速且一站式地获取准确、高质量且精细化加工过的知识，并且会选择多种的知识展现形式来帮助自己更好地理解与掌握。

图书馆员在阅读推广工作中应该细分用户，借助智慧技术对用户进行分类、分级，明确自己面向的主要用户群体。用户画像技术能够较为清晰地描述用户的群体行为特征和需求，因而已在商业、金融和互联网领域广泛使用，各领域可以通过用户画像进行个性化推荐、广告推送、营销活动推送、互联网产品运营，等等。在智慧图书馆的阅读推广服务中，用户画像主要可以从提升精准化服务、个性化服务、需求变化和用户主观能动性等方面为图书馆提供助力。公共图书馆通过收集分析用户的基本信息、行为习惯、兴趣偏好、空间环境等数据，运用聚类、关联规则以及各类数据挖掘的方法将其抽象化，得到用户特征，提炼出关键指标与标签，从而得到"用户画像"，以此挖掘读者的显性需求和隐性需求，使图书馆资源与用户需求能够精准匹配，实现图书馆的精准化服务。研究分析用户的需求和行为，能够为用户提供群体化、精细化和个性化的阅读服务，在一定程度上提升阅读推广服务的效果，体现公共图书馆的价值。

四、加强阅读服务质量的社会反馈

《纲要》中强调，要完善规划实施、监测评估机制，公共图书馆结合自身劣势与外在威胁分析，经过规划制定、人员储备以及政策落实三个阶段，还应总结服务成果、反馈服务需求。首先，公共图书馆在阅读服务转型过程中，应充分发挥主动作用，重视阅读服务的社会反馈，从读者主动反馈意见和图书馆主动反馈服务成果两方面着手。政府责任主体、社会公众、其他公共文化服务机构与社会力量这三者均是公共图书馆阅读服务的反馈对象。通过阅读服务的公开与及时反馈，赢得更多政府的认可与社会力量的信赖，既有助于未来阅读服务的资金筹备，又有利于吸引更多社会力量积极参与阅读推广活动中。其次，读者的主动反馈，主要应由图书馆充分激发读者的主动反馈意愿，吸引更多读者及时反馈阅读需求与阅读活动参与感受，为图书馆改善阅读服务提供参考建议。为此，图书馆应该充分完善读者服务反馈路径，将阅读服务平台功能标准化，保障读者意见可以确切落实，在各平台均设立反馈通道并保持畅通；

可以以月度或季度为时间单位，系统梳理并总结读者需求与反馈意见，制定并完善服务手册，成立馆际间公开透明的读者反馈数据共享平台，联合各馆共同参考、谋求多方意见共同完善阅读服务，规避未来可能发生的问题。公共图书馆的阅读服务评估需要使用一系列评估方法，然而具体方法的确定却有一定难度。围绕不同的数据类型有不同的评估方法，并需判断需要解决的问题，而后确定数据需求，收集特定类型数据的评估方法，为过程创建数据收集制定计划。

第四节　智慧图书馆阅读推广运行机制

信息技术对智慧图书馆的建设和发展尤为重要，许多学者对信息技术在图书馆建设中的应用都进行了探讨。如5G技术在图书馆借阅、导航导览、高清影视、智能学习、智能站点、云教室、精准推送、机器人服务等场景中的应用，虚拟现实技术在虚拟现实图书馆建设、馆藏资源立体展示、新数据库资源建设、虚拟教学开发等方面的应用，人脸识别技术在图书馆的访问控制、员工考勤和读者身份认证等方面的应用，这些都给智慧图书馆的发展建设带来了机遇。智慧图书馆需建立机构数据库和知识交易服务模式，满足读者对知识服务的深层次需求，在馆区提供方便用户使用人工智能技术的自主设备、人脸识别机、机器人咨询馆员、智能触摸屏等新服务设备和场景。在新技术的支持下，智慧图书馆可以利用新时代的各种创新技术来提供更多人性化的服务，如不受时间和空间限制的资源共享服务，以及在大数据和云计算下更加精准定位用户需求的推送服务等。通过各种智能技术，图书馆的管理能够更加科学高效，同时也能为读者提供更加智能化、人性化的服务。

"智慧化"阅读推广是目前公共图书馆在传统阅读推广工作方面延伸的新发展方向，"智慧化"阅读推广的重点在于发现用户数据和资源数据背后的规律，掌握用户的兴趣爱好，通过细分用户群组，实现大众阅读推广和定向阅读推广的结合[①]。图书馆可以用借阅信息和身份信息等数据，在保障读者隐私的前提下为读者制定个人标签画像，利用人工智能技术，实现更精准、更符合读者阅读兴趣的阅读推广。这一做法需要图书馆具备庞大的数据计算能力、存储能力和分析能力，能够快速处理海量的信息。公共图书馆在公共文化领域的社会责任和担当也是必须要考虑的问题。智慧图书馆系统下的阅读推广工作，需要具备相应的社会价值取向和社会规范取向，不仅要符合读者的个性化需求，也要充分平衡这种需求和社会阅读导向之间的关系。通过发展智慧图书馆来推进"全民阅读"是基于时代需求的一种发展方向。目前我国大多数图书馆都面临着被新媒体资源冲击的发展困境，智慧图书馆则能解决这一困境，通过把握读者的深层次需求，进而促进阅读推广工作的顺利开展。

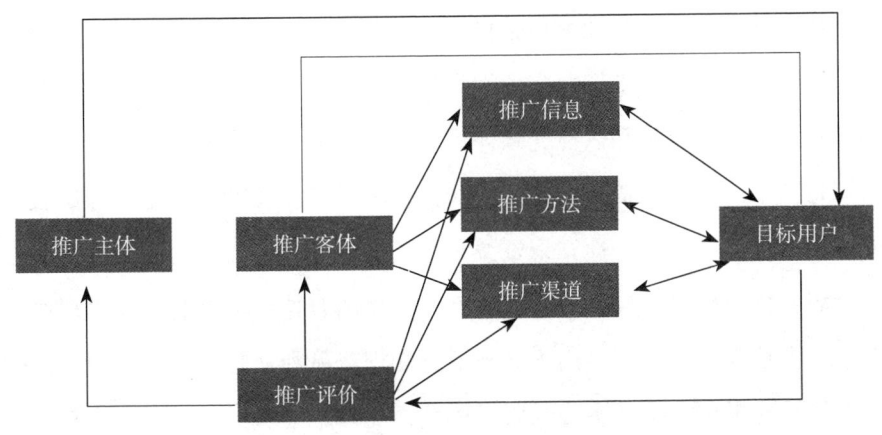

图7-1　智慧图书馆阅读推广运行机制

一、分析读者需求，拓宽资源供给内容

随着"数智化"时代的到来，用户的阅读行为呈现出多元化、移动智能化、人性化、动态化、个性化、集合式知识需求的特点，阅读行为也趋向于碎片化、圈层化、场景化、社交化。因此，智慧图书馆阅读推广所关注的对象，

---

① 于春萍，张新宇.图书馆阅读推广面临的挑战——基于国民阅读需求的分析［J］.图书馆研究，2019，49（06）：84-89.

要从物理层面的特定人群，逐渐转化到每一个读者个体，为其提供更加细分化、精细化和个性化的阅读服务。文旅部发布关于公共图书馆线上线下相结合的服务指南，强调拓展阅读资源供给范围与阅读推广活动规模，依据群众实际需求开展形式多样的阅读推广活动，将阅读推广活动规模科学控制在合理范围内；将线上阅读服务持续推进，加强各馆网站、微信公众号和小程序等的线上平台的数字阅读资源更新，推送优质阅读资源，丰富群众精神文化生活、提升全民素养[①]。

智慧图书馆阅读推广资源的转型升级，主要着眼于对馆藏资源的深度挖掘与服务，将以资源库为单位的知识集合进行重构，提高移动、泛在的信息资源可发现性。在知识资源生产方面，通过图书馆专业化内容建设、用户自建内容、AI技术辅助创作内容和AI单独创作内容等模式，实现多维融合知识建构；在知识组织方面，需要支持对多源知识内容的统一加工揭示、集成管理服务，尤其是对原生数字资源和以社交媒体为代表的新兴数字资源的动态完整记录，丰富智慧图书馆的知识资源结构；在知识发现方面，智慧图书馆的知识服务除了要以图书馆提供的公益性知识资源和服务为核心，还需要为商业性、非营利性知识服务机构提供开放接口，建立互利共赢的合作运营机制，使用户可以在一个平台上检索、购买、使用不同来源的知识产品和文献，使智慧图书馆阅读推广客体形成更加完整、多元的服务体系，更好地提供知识服务。未来，运用各项数据处理技术，智慧图书馆阅读推广的内容势必形成智慧化知识服务"超市"，为读者提供更加多维、智能、系统的知识服务。

二、转型阅读空间，打造沉浸式阅读体验

数字时代带来了更加多元的文化表达渠道和体验形式，为文化与知识的深度传播插上了智慧与科技的翅膀。随着公众需求越来越丰富，阅读服务的个性

[①] 摘自文化和旅游部公共服务司关于印发《公共图书馆、文化馆（站）恢复开放疫情防控措施指南（第二版）》的通知。

化转型向公共图书馆提出了更加高效精密的服务要求。在智慧图书馆阅读推广转型升级过程中，应重视阅读推广渠道的创新发展，突破已有传统阅读推广思维的束缚，充分借力数字技术、新兴平台，寻求更加灵活生动、高沉浸感的阅读推广形式和渠道，打造更加丰富立体的文化体验，调动公众主动参与的积极性，引领智慧时代全民阅读新风尚。

虚拟现实、增强现实、混合现实等虚拟文化体验，使图书馆阅读推广走向交互化、深度化成为可能。与单纯吸引公众的娱乐性沉浸体验不同，公共图书馆的沉浸式体验设计还应具备知识服务、文化传播等社会服务属性。因此，公共图书馆要充分了解图书馆阅读推广在资源、服务、受众方面的特色，在与沉浸体验设计融合的过程中，充分彰显图书馆阅读推广服务的亮点与优势，打造公共文化沉浸体验精品。沉浸体验主要通过刺激视觉、听觉、触觉甚至嗅觉、味觉等多感观，让人们在特定的场景中，身临其境地感受与现实世界不同的体验。目前应用较为广泛且成熟的技术一般依托智能穿戴设备等智能终端，连接数字空间与人的五感，全面提升用户体验的沉浸感。公共图书馆在打造以感官沉浸为目标的阅读推广渠道时，可以选用5D智能屏幕、虚拟现实穿戴设备、增强现实感应装置等，将阅读和文化场景通过数字虚拟的形式与人的视觉、听觉等感观更好地联系在一起，并实现一定程度的虚实交互，以进一步增加公众体验的真实感和沉浸感。

面向2035远景目标，公共图书馆应以文旅融合为契机，引入5G、VR等创新性信息技术，综合分析，合理设计空间的分区与布局，将空间功能由单一功能转变为融合功能，在同一空间范围内集成阅读、旅游、教学、众创、游戏等多种功能，满足人们的多样化需求。实现智慧阅读服务转型，为读者提供沉浸式阅读的环境保障，从单一阅读功能向公共文化服务场所转型。创新"线上＋线下"服务模式，同步推动智慧化阅读空间、智慧景区建设。

三、加强行业合作，构建全流程参与模式

阅读推广服务是公共图书馆提供公共文化服务、传播科学知识的核心工

作之一。长期以来，全国各级公共图书馆的阅读推广服务大多是以本馆作为主体。随着数字经济和互联网技术的不断发展，行业内、跨行业的协同合作、互惠共赢成为社会发展的普遍共识。智慧图书馆建设将不可避免地需要接触各种新理念、新技术、新渠道，无论在资金、技术，还是人才方面，仅凭图书馆一己之力是远远不够的。要实现智慧图书馆阅读推广转型升级，需要广泛纳入政府、出版界、电子数据库商、社会组织等多方力量，与其他阅读推广主体合作，从图书馆专一主体逐步过渡到以公共图书馆为主要核心、社会力量合作支持的多层次、立体化的智慧图书馆阅读推广多元主体合作模式。公共图书馆与社会力量应秉承"价值共生、高效协同、长期共赢"的合作理念，运用新技术、新机制、新模式，继续深化业务合作，促进科技、文化与旅游高质量融合发展。

智慧图书馆阅读推广多元主体合作模式仍以公共图书馆为核心主体，作为整个体系的"大脑"，由各级公共图书馆主导阅读推广的主题和方向。在此基础上，充分调动各种社会资源的智慧和技术，共同策划具有图书馆文化价值与优势、同时具备智慧时代特征的阅读推广服务精品。一方面，政府通过购买服务的方式参与公共图书馆服务；社会力量参与公共图书馆组织的文化培训、阅读推广、辅助管理等文化志愿服务；公共图书馆可以与社会力量合作，共同打造新型公共阅读文化空间。如可以与出版界、资源服务商合作，力争为读者推广更好更新的阅读资源，并借助彼此的文化品牌和影响力，整合资源与受众，共同搭建精品数字阅读空间；还可以与民间具有阅读推广空间构建和环境搭建经验的机构合作，对馆设阅读空间进行优化调整，打造更有时代感、科技感的智能化阅读推广环境。另一方面，可考虑将图书馆的馆藏优势与社会机构的技术优势相结合，打造精品化、品牌化的特色馆藏推广项目，社会机构通过资本合作如资助项目、赞助活动、提供产品和服务等方式参与公共图书馆服务；借助新兴技术和展现形式对馆藏资源进行开发、挖掘，共同引领新时代阅读推广服务新风尚。其中，在企业选择过程中需注意，小型企业应具有开发成本低、响应度高的优势，大型企业应具有强大的行业影响力，这样才能有助于新服务的宣传与扩散[1]。引进先进科技成果，提升图书馆服务效能，以实践中的优秀案例作为科技企业的宣传品牌，为企业带来更多的合作机遇，带动企业绩效发展。

四、打通沟通渠道，建立完善的评价体系

公共图书馆应发挥先进典型案例的示范作用，形成可复制的服务模式，将阅读服务模式广泛推广。形成"订单式"服务机制，以需求为转型路径的发源，注重读者的需求和反馈意见收集，通过公共图书馆的需求反馈通道向公共图书馆积极反馈，再由各馆及时将读者需求整理反馈，回复读者并制定阅读服务改善规划敦促各图书馆提升新媒体平台的开发利用水平，改善现有的零散服务方式，参照优秀服务案例，在参照公共图书馆优势的基础上结合自身资源特征完善自己的服务内容。

智慧时代，公共图书馆在开展相应的阅读推广工作之后，应该对其活动全流程进行科学有效的评估，对活动的质量、内容、效率、资源利用率、读者满意度和投入产出等进行分析，动态检测活动的成效和影响，了解读者诉求，针对评估过程中发现的问题采取相应措施以促进图书馆阅读推广服务转型升级，精准地增强阅读推广活动的效果，使图书馆活动更加精细化和系统化。

公共图书馆有必要建立一个科学的评估制度，科学全面地评价阅读推广活动的效果，更好地总结经验，其制度构建应包含：①评估机制的建立。评估机制的建立应以科学、合理的评估制度作为保障，而评估制度基本导向应是绩效原则。阅读推广评价的最终目的是以评促管，通过评估实现图书馆内部资源的优化配置，将有限的资金、人力、设备等资源投入到可以取得较好社会效益的阅读推广活动中[2]。②评估指标体系的构建。一套科学的评估指标体系是保证

---

① 温雅婷，余江，洪志生，等.数字化转型背景下公共服务创新路径研究——基于多中心—协同治理视角[J].科学学与科学技术管理，2021，42（03）：101-122.
② 李迎.高校阅读推广活动评估机制构建与研究[J].图书馆工作与究，2018（11）：124-128.

评估工作顺利有效开展的前提，指标体系的构建应坚持"因地制宜"的原则，根据本馆阅读推广的实际情况，及阅读推广的未来规划加以确定。③评估的实施。评估的实施需要考虑由谁来实施和在哪个层面上实施，考核的执行者应该是由阅读推广活动的管理者、组织者和参与者共同构成的评估工作组，实施评估的层面应包括图书馆层面、部门层面，图书馆层面，主要评估阅读推广的整体效益和影响力，部门层面则重点评估活动的流程规范、预期效果。④评估的结果和反馈。评估的结果可以作为考核活动的成绩、人员绩效、总结经验、激励的重要依据，及时将评估的结果公开，通过检验、反馈和借鉴的方式有效改进未来阅读推广活动的开展[①]。

---

① 张伟.公共图书馆阅读推广管理制度建设［J］.图书馆建设，2020（05）：64-70.